新高考政策全面解读

学生、家长、教师必读

蒋叶光 著

新高考政策下的名校之路

华中科技大学出版社
http://www.hustp.com
中国·武汉

图书在版编目（CIP）数据

新高考政策下的名校之路 / 蒋叶光著 . —武汉 : 华中科技大学出版社 , 2021.12
ISBN 978-7-5680-7783-5

Ⅰ.①新… Ⅱ.①蒋… Ⅲ.①高考—教育政策—研究—中国 Ⅳ.①G632.474

中国版本图书馆CIP数据核字(2021)第255616号

新高考政策下的名校之路
Xingaokao Zhengce Xia de Mingxiaozhilu

蒋叶光　著

责任编辑：孙　念
封面设计：李爱雪
责任校对：曾　婷
责任监制：朱　玢
出版发行：华中科技大学出版社（中国·武汉）　　电话：（027）81321913
　　　　　武汉市东湖新技术开发区华工科技园　　邮编：430223
印　　刷：河北固安保利达印务有限公司
开　　本：710mm×960mm　　1/16
印　　张：14
字　　数：161千字
版　　次：2021年12月第1版第1次印刷
定　　价：65.00元

高考改革背景下，学生的选择路径更为复杂，科学合理的决策尤为关键。本书中，蒋老师站在考生角度，通过体系化的梳理与总结，从专业挑选、学业规划、学习方法、人生发展等多个方面给予深刻分析和专业建议。阅读本书对考生将有莫大助益，值得推荐。

——周枫　网易有道CEO

蒋叶光先生通过梳理近15年来高考改革和高考政策的变化，详细地分析了这些变化对高校录取、高中教学、学生志愿填报的影响。内容严谨、专业，我很乐意向大家推荐这本书。

——王海玲　人民大学附中杭州学校总校长

在新高考从考试到录取全面改革、全面推进的历史条件下，大学如何选拔学生？高中如何培养学生？学生如何适应新高考的选拔机制？如果你想了解这三个方面的内容，我推荐你阅读蒋叶光先生的这部新作。

——李金池　衡水中学原校长、精英中学校长

读完这本书，我发现书中不仅包含了政策解读和高考指南，而且饱含一位教育工作者对教育事业的热爱和对未来的思考。为蒋叶光老师的辛勤付出点赞。

——师梦迪　2018年河北省高考理科榜眼，现就读于北京大学光华管理学院

挑大学选专业看什么？看学校、看城市，还是看专业？平行志愿如何填报才不浪费学生的每一分成绩？在新高考指挥棒的指引下，高中三年应该如何制订自己的学习和生活计划，牵动着考生、家长、老师和广大教育工作者的心，本书针对相关问题提供了科学而有数据支持的分析。

——韩皓潭　现就读于清华大学

如果说大学生需要职业规划，那中学生就需要学业规划。这本书可以说是关于高中生学业规划、升学规划的第一本书。

——郑乃千　2015年石家庄市中考状元，2018年入选物理奥林匹克竞赛国家集训队，保送北京大学

　　1977年恢复高考至今，我国的高考制度又走过40余个春秋。为了更有效率、更加公平地选拔人才，国家对高考政策进行了多次探索与改革。最开始写作本书的目的，就是希望通过梳理近20年高考改革和高考政策的变化，详细分析这些变化对高校录取、高中教学、学生志愿填报的影响，把我多年来在一线教育工作中对高考改革的研究的心得体会，分享给那些即将要踏入改革洪流中的家长和学生们，让他们少走一些弯路，让更多学子和家庭成为这次改革的受益者。

　　这本书的第一版作于2018年，当时，新高考改革还处于一个初期阶段。而随着改革的深入，国家也从改革中总结出很多有益的经验，此后新高考的改革也呈现出相较以往政策更积极的变化。比如，为了减少学生和家长的选择成本以及保证物理学科在未来大学深造中的核心地位，后来很多进入新高考的省份都从原来的"3+3"模式转变成了"3+1+2"模式。

　　我刚开始写作本书时，外界正在争论"自主招生"是否是一个能够兼顾公平和效率的好方式，以及发轫于上海和浙江的综合评价能否成为未来中国高校招生的一个重要方式。2020年1月13日，教育部颁发了一个非常重要的文件《教育部关于在部分高校开展基础学科招生改革试点工作的意见》，文件中决定自2020年起，在部分高校开展基础学科招生改革试点。也就是说，"自主招生"彻底被新的"强基计划"取代。

我们生活在一个充满变化的时代里，短短的几年间，高考政策又有了天翻地覆的变化。第一版的《新高考政策下的名校之路》已经不能在新的政策和形式下为我们的学生和家长提供最有帮助的建议。为了紧跟变革的脚步，我决定再次拿起笔来，让大家了解最新的改革的情况和未来的发展趋势，让每个读者都能在新的形势和政策下，通过我的分析和建议，做出对自己的高中生涯最有利的规划和选择。这也是我写作本书最重要的心愿。

另外，我要特别感谢我的父母一直以来对我工作的支持，感谢马英杰先生对我工作的帮助，感谢创业过程中一直陪伴在我身边的伙伴。最应该感谢的还是那些一直以来支持着我们的学生和家长，没有他们的认可，就没有我的今天。

教育是一个良心活儿。我一直认为，只有坚持为学生和家长创造价值，这份事业才能长久。希望所有的读者都能通过本书，在这样一场波澜壮阔且充满勇气的教育改革中成为受益者。

谢谢大家。

目录

第八章 新高考下的学业规划 / 173

第一章

从大历史看新高考改革

一、新高考将取代旧高考成为"新主流"

对于整个新高考的改革历程来说，2021年是很不寻常的一年。这一年中国迈出了新高考改革的一个大跨步，第三批试点的8个省市——河北、辽宁、江苏、福建、湖北、湖南、广东、重庆等地的同学们，迎来新高考的首次试炼。

中国的新高考改革采取的是有层次、分步骤的稳健推进方式。第一批高考改革试点只有浙江和上海2个省市；第二批试点有北京、天津、山东、海南4个省市；加上第三批的8个省市，新高考改革实施的省份已经铺开到了14个。从数量上来说，这14个省份尚未占到全国省级行政区的一半，但它们要么属于东南沿海的经济发达地区，要么就是高考人口大省份。2020年，这14个省份的GDP占国内GDP的65%[①]；按照人口统计，这14个省份已覆盖人群超过7亿[②]，约占中国总人口的一半。

但从高考参加人数的总体数据上来看，新高考仍不是中国高考的主流模式，目前我们尚未获得2021年各省份高考人数的具体数据，但根据2020年各省份高考的数据来看（假设各省份的高考人数没有发生太大变化），近几年中国参加高考的总人数在1000万到1100万之间，而目前新高考与旧高考的参与人数的比例大概是4∶6。

[①] 数据来自各省份统计局官方网站。
[②] 根据国家统计局发布的第6次人口普查数据，这14个省份的人口总数为701722161人。

我们根据2020年的高考各省（区、市）考生数据，将2021年参加新高考和旧高考的省（区、市）分成了两大阵营，并分别统计人数。见表1-1。

表1-1 各省（区、市）考生数据

省（区、市）	高考人数（万人）	省（区、市）	高考人数（万人）
河南	115.8	广东	77.96
四川	67.00	河北	62.48
安徽	52.38	湖南	53.70
广西	50.70	山东	53.00
贵州	47.00	湖北	39.48
江西	38.94	江苏	34.89
云南	34.40	浙江	32.57
山西	32.60	重庆	28.30
陕西	32.23	辽宁	24.40
甘肃	26.31	福建	20.26
新疆	22.93	海南	5.73
黑龙江	21.10	天津	5.60
内蒙古	19.79	上海	5.00
吉林	14.20	北京	4.90
宁夏	6.03		
青海	5.67		
西藏	3.00		
旧高考１７省（区、市）总计	590.08	新高考１４省（区、市）总计	448.27
占总人数比例	56.8%	占总人数比例	43.2%

注：数据来源于各省（区、市）教育考试院以及教育部阳光高考网。其中，山东省分为春季、夏季两次高考，该表统计数据为参加夏季高考编场考试的人数。

从以上数据可以看出，一旦再有两三个高考大省（区、市）参与新高考，新高考的参与人数就会一举超过旧高考，成为中国高考的主流模式。有消息称，河南、贵州、安徽等省份已陆续计划参加新高考，并且将于2021—2022年在高一入学新生中开展选科与走班模式，在2024—2025年正式实施新高考。在这些计划实施新高考的省份中，河南是中国最大的高考省份，迄今为止，每年的高考生人数都超过百万，只要河南省加入新高考，新高考人数就会立马超过旧高考人数。

可以预见，近几年内，新高考将成为我们时代的"新主流"。此刻，我们正处于这个临界点上。未来的大方向已经确定：高考不会往老路上退。官方认定，新高考已经取得了"初步成功"，它一定会从14个试点省（区、市），逐渐向31个省（区、市）全面铺开。剩下这些省级行政区参与新高考的悬念，只有什么时候参与进来合适，以及应该选择哪一套现成模式。（目前有"3+3"和"3+1+2"两种模式，后进入的省份大概率会选择"3+1+2"模式。）

所以，对于每一位潜在的高考考生、考生家长，每一位从事中小学教育的教师及教育管理者，每一个位于教育生态链条上的人，甚至每一位关心中国教育的圈内外热心人士来说，新高考所带来的现实冲击——无论是机遇还是挑战，都是我们无法回避的话题，我们都将无可避免地卷入时代的洪流与漩涡之中。

二、新旧高考模式的根本差别

新高考与旧高考相比，不是细枝末节上的缝缝补补，而是在许多方面有着根本性的差别。旧高考是一考定终身、二分文理科、"3+X"的固定科目选择，好处是绝对公平。但是，这种公平下其实有很多不符合教育科学的地方。长期以来，高考对中学教育的良性引导功能逐渐退化，逐渐变成了一场严酷的智力选拔。

虽然很多人不理解，但新高考改革是社会的大势使然。教育不是孤立存在的，它要与一定的社会环境相适应，要满足特定的社会期待，要在促进国家科研创新、激发社会经济活力、塑造新文化与生活方式方面发挥引领作用，甚至成为大国崛起的关键性力量。教育要参与全球的资源配置和对顶尖国际人才的争夺，教育要为社会、为国家创造价值，这一切不是一场相对静态的封闭性选拔考试就可以完成的。

我们看待教育和高考的传统思维方式，是认为这可以改变一个人的命运、完成个人阶层晋升等。实际上，哪怕是科举制度的"八股取士"也能达到这一目的，但中国近代史已经告诉我们，那种教育方式的结果是什么样的。在科举制度下，有些人改变了命运，有些人却因考试失利而感到绝望，其本质是一场"零和博弈"。即使做到了绝对公平，不符合社会发展现状的教育制度也未必能给社会创造增量价值，或成为社会进步的动力。新高考无疑能给学生创造更多元化的升学路径，它更重视发展学生的个性和综合素质，希望每个学生都做到学有所长。新高考在考试与录取模式上做出了许多开创性的尝试。

为落实全国教育大会精神，服务国家重大战略需求，加强拔尖创新人才选拔培养，教育部决定从2020年起，不再组织高校自主招生工作，在部分高校开展"强基计划"。部分高校在一些省份实行的"综合评价"的招生方式，仍在稳步推进。这给很多前段考生提供了更多冲击名校的机会和进入大学的不同路径。

新高考最根本的改革是高考模式本身的变革，主要包括以下内容：

·打破僵化的文理分科，除语、数、外三门主科外，另外三门科目实行选科制；

·选科制有"3+3"和"3+1+2"两种不同模式；

·选科的科目在高考成绩中不计入原始分，而是实行等级赋分制（"3+1+2"模式下，再选科目实行分等级赋分制）；

·从顺序志愿改为平行志愿，采用"专业（类）+院校"的平行志愿投档和录取方式；

·合并本科与专科的内部批次，例如本科批次除提前批和普通批外，不再有"一本""二本""三本"的录取批次差别；

·多元化的录取方式，包括"强基计划"和"综合评价"录取，取消高校各行其是的"自主招生"计划。

当然，我们不打算在本章就把所有这些新举措一一解释清楚。我们只是罗列了新高考方案的一部分，从中已经可以明确看出，新高考的所有举措都是为了给面临高考的学生创造更多的"人生自主选择权"。然而，事物都具有两面性：一方面，你无疑会拥有更多的自由；另一方面你也要做好心理准备，承担自由背后的昂贵代价。对于不想要自由的人而言，自由是一个沉重而无意义的负担。更多的选择意味着更高的能力要求。

如何进行选科？赋分制会有哪些影响？可能要填写96个"专业类+院校"的平行志愿，怎样去选择这么多的志愿？某些专业可能有些冷门，我要不要去报"强基计划"？我该如何在新高考的目标下，规划我高中三年的学业生活？也许你充满了疑惑。

更加人性化的政策背后是更加复杂的可选路径。这需要我们有更强的新高考规则解析能力，需要我们有更科学合理的决策能力，需要我们具备更为强大的心理素质。乐观地想一下，遇到这些麻烦的不止你一个，我们都站在这条新的起跑线上，只有更善于学习、更能灵活适应与运用新规则的人，才能开拓出一条在新高考政策下进入名校的更优路径。

高考改革本来就是一件非常不容易的事情。高考承载了社会各阶层的超高期待与压力，牵一发而动全身。可以说每一次改革都在公平与效益之间极为艰难地走着钢丝。我们的社会预期是培养面向未来的个性化的、创造型的人才，同时兼顾各方弱势群体，还要考虑到欠发达地区考生的实际情况。既要创造效益，又要兼济公平，这实在是一个异常艰巨的时代难题。

我们走过许多弯路，只要回顾近二十年来的高考改革进程，我们就大致可以清楚，为什么高考是现在这样的模式。我们的高考经历过激进变革的年代，也遭受过重大的挫折，走进过至暗时刻。如果我们能用大历史的眼光来看待中国高考的改革洪流，追溯历史深处，厘清基本脉络，我们就能理解今天改革措施的具体演进，以及预判它明天将去往何方。

三、新高考改革发轫于高校"自主招生"

我们现在谈论新高考，会习惯性地从2014年的会议与文件说起。正是因为2014年启动了新高考统考的改革，才有了浙江和上海的新高考试点。但是，如果要弄清楚新高考改革的全貌，那么还要从更远的年代说起——2003年、我国的"高考改革元年"。

要谈论2003年，就不得不更进一步追溯到2002年底的那场会议。2002年12月3日，中国海南，亚洲博鳌论坛举办地琼海市的一处僻静山野里，一次并未引起人们足够注意的会议召开了。这次会议就是中国高校招生研究会2002年的常务理事会，会议的议程是两天。与会的理事代表都是中国各地高考改革的先锋人物和中国教育改革中最著名的实践者、研究者和决策者。他们在会上经充分探讨，出台了一系列政策建议。这些建议于2003年作为正式政策推出，掀起了日后波澜壮阔的中国高校招生改革序幕。

后来，这些高校招生改革的建议在《高校招生》杂志上发布，共有八条之多，其中最重要的是第一条。

高校"自主招生"试点的范围要进一步扩大。其指导思想和原则是，体现教育创新、素质教育的要求，坚持德智体美全面发展，公平、公正、公开以及择优录取。试点高校要根据办学方向和专业的需要，积极探索以统一考试录取为主、多样化考试与综合评价相结合，学校自我约束，政府、社会有效监督的选拔优秀创新人才的新机制。

"自主招生"录取方案由高校制定并以招生章程的形式向社会公布；符合条件的考生，由本人提出申请，由所在中学推荐并提供考生的学习及获奖情况和证明，试点高校对中学推荐的考生要组织专家组进行考核，提出候选人名单报高校招生领导小组审定后确定入选名单。入选名单须向考生所在中学公布。录取时，考生的高考成绩应不低于考生所在省（区、市）第一批录取控制线。省级招办按高校提出的名单投档，高校录取的结果向社会公示。

这一建议打开了各高校"自主招生"的闸门，放出了一头气势汹汹的猛兽。这头猛兽日行千里，很快掀起高校招生模式变革的通天巨浪。

四、从"自主招生"到强基计划

2003年有多少高校参与了这场"自主招生"改革计划呢？

中央首先批准了22所高校参与其中，它们分别是北京大学、清华大学、中国人民大学、北京师范大学、中国政法大学、复旦大学、同济大学、上海交通大学、华东理工大学、华东师范大学、南京大学、东南大学、南京航空航天大学、南京理工大学、河海大学、南京农业大学、中国药科大学、浙江大学、中国科学技术大学、华中科技大学、中山大学、重庆大学。其中，江苏的6所大学早在2001年到2002年就率先进行了省内"自主招生"试点；到了2003年，这个列表几乎囊括了国内所有顶尖高校。

问题随即出现：假如一个学生要参加高校的"自主招生"，他有多所学校要选择，那么他哪有这么多精力在众多学校的笔试和面试之间来回奔波呢？这样一来，各高校之间"自主招生"考试的整合与成绩互认就随即提上了日程。

2006年，一批"京"字头重点大学率先行动，北京科技大学、北京交通大学、北京邮电大学、北京林业大学、北京化工大学5所高校，率先实行"自主招生"笔试联考。但是，没有清华、北大带队的名校考圈，总是会缺些关注度与话题。2010年，清华大学首先扛旗，与上海交大、中科大、南京大学、浙江大学、西安交大、中国人民大学共同举办"高水平大学自主选拔学业能力测试"（简称"AAA"
测试）。

一街之隔的北京大学自然不甘落后。没过多久，北京大学、北京
航空航天大学、北京师范大学、南开大学、复旦大学、厦门大学、山
东大学、武汉大学、华中科技大学、中山大学、四川大学、兰州大
学、香港大学等13所高校，联合发布了"关于举行中国综合性大学自
主选拔录取联合考试的公告"。

北京理工大学、大连理工大学、华南理工大学、哈尔滨工业大
学、东南大学、西北工业大学、天津大学、同济大学、重庆大学等
"985"高校也共同签署了《卓越人才培养合作框架协议》。

如此一来，未与其他学校签订联考协议的传统名校很可能被中国
顶尖学生排除在视线之外。因为单独参加某一高校的"自主招生"考
试，时间与精力的成本实在是太高了，为什么不选择考一次就能同时
获得几所同类型名校的面试机会的考试呢？基于这种逻辑，每所有
"自主招生"资格的学校，都不得不认真考虑加入校际联考的队伍。

2011年，高校的"自主招生"竞争发展到白热化阶段，各高校都
不断扩大自身影响力，与著名中学形成紧密联系。北京大学最早开始
实行"中学校长实名推荐制"，全国共有39所中学的校长获得推荐资
格。之后，清华、北大又陆续开始举办"自主招生"夏令营和冬令
营。各高校奇招频出，各显神通，一时间各种"自主招生"的先行试
验计划风潮迭起。

尽管"自主招生"的指标有着严格限制（通常不能超过高校招生

人数的5%），但是这些令人眼花缭乱的"自主招生"模式，还是显示出了各高校极大的想象力和能动精神。2013年，已有十年历史的"自主招生"发展到了巅峰，它"小高考"的称呼被广大考生和家长们越叫越响。

2015年，所有大学均取消了"校荐"，"自主招生"所报专业必须与特长相对应，在时间上必须在高考后进行。至此，各种令人眼花缭乱的"自主招生"逐渐沉寂下来。此时，国内开展"自主招生"的高校已膨胀到了102所。2020年1月，教育部印发文件《教育部关于在部分高校开展基础学科招生改革试点工作的意见》，推动新一轮基础学科招生改革试点，这一系列改革方案被简称为"强基计划"。"强基计划"主要是为了选拔并培养有志于服务国家重大战略需求且综合素质优秀或基础学科拔尖的学生，有人称之为"为国取士"的新宏图大略。

"强基计划"给予高校很大的招生自主裁量权，同时从一开始就给出了两个限制条件：一是所有学生都不得绕过高考，"强基计划"是以高考成绩为基础的一种自主选拔；二是学科上的限制，要突出基础学科的支撑引领作用，重点在数学、物理、化学、生物、历史、哲学、古文字学等相关专业招生。

"强基计划"的改革方案希望在公平公正的前提下，探索建立多维度考核评价考生的招生模式。高校根据有关拔尖创新人才培养需要，制定"强基计划"的招生和培养方案。符合高校报考条件的考生可在高考前申请参加"强基计划"招生。高校依据考生的高考成绩，按在各省、自治区、直辖市的"强基计划"招生名额的一定倍数确定参加高校考核的考生名单。考生参加统一高考和高校考核后，高校将考生高考成绩、高校综合考核结果及综合素质评价情况等按比例合成考生综合成绩（其中高考成绩所占比例不得低于85％），根据考生填报志愿，按综合成绩由高到低顺序录取。参与"强基计划"的有关高校都要认真研究制定高中学生综合素质评价的使用办法，并在招生简章中提前向社会公布。

教育部在推出"强基计划"时宣布：自2020年起，各高校不再组织开展"自主招生"工作。至此，各高校的"自主招生"改革彻底落下了帷幕，"强基计划"所代表的多元录取方式正悄然生长。

五、中国高考改革的全新篇章

2014年，中国高考改革翻开了新篇章。这一年，国务院和教育部先后下发两个重要文件：《国务院关于深化考试招生制度改革的实施意见》和《教育部关于普通高中学业水平考试的实施意见》。这两个文件成为新高考改革的总纲领。

各省（区、市）根据文件精神制定了2016—2022年间的新高考改革措施和执行时间表（见表1-2），虽在具体操作细节上有差异，但是改革思路总体趋于一致。随着各高校"自主招生"的逐渐落幕，各省（区、市）根据国务院及教育部的部署，开始进入新高考统考的改革阶段。

下面就让我们对2014年以来新高考改革的探索路径做一个简单的梳理。

2014年，国务院和教育部的两个文件出台后，上海与浙江两省市首批成为高考改革综合试点，并于2017年实施新高考。

2014年9月，上海市教委首先公布了上海高考方案：高考成绩满分660分，其中语文、数学、外语每门满分150分，3门普通高中学业水平等级考试的科目每门满分70分。

2014年9月9日，浙江省人民政府印发了《浙江省深化高校考试招生制度综合改革试点方案》，规定高考必考科目为语文、数学、外语3门；考生根据本人兴趣特长和拟报考学校及专业的要求，从思想政治、历史、地理、物理、化学、生物、技术（含通用技术和信息技术）等7门设有加试题的高中学考科目中，选择3门作为高考选考科目，总成绩满分为750分。

2017年，北京、天津、山东、海南4个省市紧随上海、浙江后加入新高考改革阵营。

2018年，江苏、福建、广东、河北、辽宁、湖北、湖南、重庆8个省市成为第三批启动新高考改革的省份。与之前进入新高考改革的6个省市实行"3+3"选科组合不同，这些省市均采用了"3+1+2"方案。

原计划在2018年进行新高考的安徽、黑龙江、吉林、内蒙古、山西、江西、河南、贵州、四川、西藏10个省份，由于客观条件不足，进入新高考的改革被推迟。

2021年初，据媒体消息称，贵州、河南已分别制定了新高考实施方案，分别拟于2021年、2022年启动新高考综合改革，计划于2024年、2025年正式实施新高考。对于仍将暂时延续旧高考的省份，下一步教育部将根据"时间服从质量、进度服从效果"的原则，组织专家对各省份进行实地评估，成熟一个省份，改革一个省份，确保改革蹄疾步稳、有序推进。

表1-2　全国各省份新高考时间与选科方案

批次	省份	新高考实施时间	选科模式
2014年第一批	浙江	2017年	3+3
	上海		
2017年第二批	北京	2020年	3+3
	天津		
	海南		
	山东		
2018年第三批	辽宁	2021年	3+1+2
	河北		
	重庆		
	江苏		
	福建		
	湖北		
	湖南		
	广东		

续表

批次	省份	新高考实施时间	选科模式
原定2018年第三批	贵州	2024年	待定
	河南	2025年	
	安徽、江西、四川、黑龙江、吉林、山西、西藏、内蒙古		
原定2019年第四批	宁夏、广西、陕西、云南、甘肃、青海、新疆		

回望中国高考改革十几年的风云激荡之路，我们可以看出改革之路是曲折且艰难的，但又是坚定向前的。我们需要理解：一场真正的改革无法做到同时利好所有人，它必定只是一种利益格局的新调整，是各方势力长期博弈妥协下来的一种结果。在新一轮高考改革的风浪中，我们每个人都可能会遭受各种挫折与阵痛。

对志向是冲击名校的考生来说，进入名校的路径日益多元化、复杂化。我们只有熟悉最新的高考规则，才能立于不败之地。同时，这一切对考生家长和老师来说也是极大的挑战，我们只有不断学习，提高自身的认知，才能练就一双慧眼，帮助孩子看清前进道路上的机遇与挑战，引领他们走出一条更为精彩的学业进阶之路。

第二章

新高考政策概览之"3+3"

一、新高考并存两种选考模式

我们在第一章简要回顾了中国高考的改革历程，本章开始，我们将对新高考政策进行初步探讨。前文已经提到过，截至2021年，国内先后有三批次、14个省份实施了新高考改革。第一批进行新高考改革试点的是浙江、上海2个省份。第二批进行新高考改革试点的是北京、天津、山东、海南4个省份。第三批进行新高考改革试点的是河北、辽宁、江苏、福建、湖北、湖南、广东、重庆8个省份。

目前看来，我们可以根据新高考核心选考规则的不同，将14个省份的新高考改革方案分成两种模式：第一批及第二批高考试点的6个省份，采用的是"3+3"的选考模式；第三批试点的8个省份采用的是"3+1+2"选考模式。本章中我们重点介绍"3+3"选考模式的基本规则，以及在这种模式下，新高考与旧高考（即"3+X"模式）有着哪些本质上的不同。

二、何谓"3+3"选考模式

目前仍在中国多个省份运行的传统高考，采取的是文理分科的"3+X"模式。

其中的"3"代表的是主科语文、数学、外语，各科总分都是150分，"X"则是文科综合或理科综合。文科综合包含政治、历史、地理3个科目；理科综合包含物理、化学、生物3个科目。文综或理综的总分都是300分，高考总成绩是750分。

在新高考的"3+3"模式中，前一个"3"与"3+X"中的"3"仍然保持一致。语文、数学、英语这三门高考核心科目仍是满分150分，变的是后面的"3"。这个"3"是指从物理、生物、化学、政治、历史、地理这6个科目中选择3门科目参加高考，分数计入高考成绩（浙江省较特殊，还有一门技术课，7个科目选3科）。选考的这3科各自都是100分满分，选科时不再有文理科的限制，但是选考的3门科目，不是以原始得分计入高考总成绩，而是实行等级赋分制。

"3+X"与"3+3"模式的对比如图2-1所示。

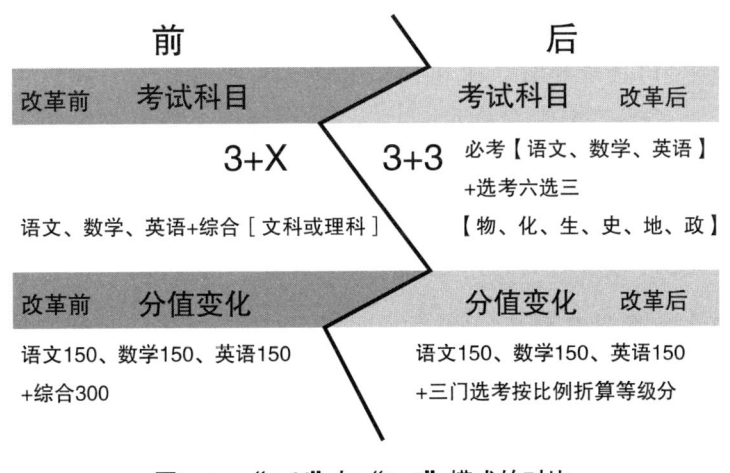

图2-1　"3+X"与"3+3"模式的对比

三、何谓"等级赋分制"

在说明"3+3"模式的时候，我们提到了一个新概念，那就是"等级赋分制"。那么何谓"等级赋分制"，为什么要实行"等级赋分制"？

我们先说说为什么会出现这个概念，即实行等级赋分的必要性。在"3+3"的选科模式下，高考录取面临着一个新问题：报考同一所大学同一专业的学生，可能有着不同的选科组合。在新高考的录取规则下，大学里的某专业，一般会对报考该专业的考生有选科要求：

· 规定1门选考科目，考生必须选考方可报考。

· 规定2门选考科目，考生均需选考方可报考。

· 规定2门选考科目，考生选考其中1门即可报考。

· 规定3门选考科目，考生均需选考方可报考。

· 规定3门选考科目，考生选考其中1门即可报考。

· 不提选考科目要求。

在初始状态的"3+3"模式下，高校原本对报考自身各专业的要求都比较宽松，在2021年前，很多高校过半的专业都没有明确选考科目限制。但是随着近年"物理弃考""化学弃考"等现象陆续出现，教育部专门发文强化了对物理、化学等科目的选考要求。（具体参见教育部2021年最新发布的《普通高校本科招生专业选考科目要求指引(通用版)》。）目前来看，有选考1科或2科限制的专业占据了多数，不限选考科目的专业只剩三分之一左右，而3科均规定必选的专业，仍然是极少数，大多出现在医学类专业，规定的必选一般是"物理+化学+生物"组合。

举个例子，北京大学2020年在北京地区招生专业（类）的选考要求如表2-1所示。

表 2-1　北京大学 2020 年在北京地区招生专业（类）的选考要求

专业（类）	选考科目要求
文科实验班类	不限选考科目
人文科学实验班	不限选考科目
法学类	不限选考科目
国际政治	不限选考科目
社会学类	不限选考科目
中国语言文学类	不限选考科目
外语类	不限选考科目
新闻传播学类	不限选考科目
历史学类	不限选考科目
信息管理与信息系统	不限选考科目
工商管理类	不限选考科目
公共管理类	不限选考科目
化学类	物理或化学选考一门即可
地质学类	物理或化学选考一门即可
生物科学类	物理或化学选考一门即可

续表

专业（类）	选考科目要求
环境科学与工程类	物理或化学选考一门即可
工科实验班类	物理
理科实验班类	物理
数学类	物理
物理学类	物理
天文学类	物理
地球物理学类	物理
心理学类	物理

注：同一大学在不同年份，针对不同地区考生的选科要求可能会有所不同，具体请参阅该校当年在各地的招生简章。

可以看到，在北京大学的各专业（类）选考科目要求里，只有少数理工科要求必考物理，或在物理与化学中必考一门，大多数非理工科专业甚至一门必选科目要求都没有。假设考生甲和考生乙同样报考北京大学工商管理类专业，但是现在这个专业在该省只剩一个录取名额，考生甲的选考科目是"物理+化学+生物"，考生乙的选考科目是"地理+历史+政治"，那么该录取谁呢？如何比较哪位考生的学业更优秀？

直接比较二人的原始分从表面上看是比较公平的做法，但有些科目天然就比其他科目难度大，比如物理学与化学专业，公认是比较困难的。但是它们又属于十分精确的学科，学得好容易接近满分。有些科目的特点是得高分难，得低分也比较难，成绩向中段集中，比如文科类科目。有的科目可能出现某年试题偏难或偏简单的情况，这也会影响选考这门课的考生的成绩。所以,跨学科去比较原始分的方式并不可取。

相对公平的是比较考生在各自选科里的排名等级。假设考生甲的物理成绩在所有物理考生中排在前4%~5%,而考生乙的历史成绩在所有历史考生中同样排在前4%~5%,那么可以判定,他们在不同科目中的优秀程度是差不多的,他们最后得到的等级赋分也会十分相似或相差不大。

什么是等级赋分制?简单来说,就是根据考生某科目成绩的全省总排名,把他分入相应等级,再根据这个等级的分数段来给考生赋分,将原始分转化成一种名次分。浙江省的等级赋分制在2021年进行了一次最新调整,我们现在就以这一版本为例来进行说明。

浙江省的赋分制规则(表2-2)是将全省某个科目的所有考生进行大排名,然后根据排名从前到后的人数百分比,划分出20个赋分区间,第1区间赋分为100~97,第2区间赋分为96~94,第3区间赋分为93~91,以此类推,第20区间赋分为42~40。然后,在各对应区间里按等比例转化,四舍五入将卷面得分转换为等级得分。并且为了减少由于选科人数的多少而导致的不公平,各选考科目的保障基数确定为6.5万人。

表 2-2　浙江省的赋分制规则

排名比例	前3%		3%~6%	6%~10%	10%~15%	15%~21%	21%~28%
赋分区间	1		2	3	4	5	6
等级赋分	100~97		96~94	93~91	90~88	87~85	84~82

排名比例	28%~36%	36%~43%	43%~50%	50%~57%	57%~64%	64%~71%	71%~78%
赋分区间	7	8	9	10	11	12	13
等级赋分	81~79	78~76	75~73	72~70	69~67	66~64	63~61

排名比例	78%~84%	84%~89%	89%~93%	93%~96%	96%~98%	98%~99%	99%~100%
赋分区间	14	15	16	17	18	19	20
等级赋分	60~58	57~55	54~52	51~49	48~46	45~43	42~40

假设浙江省的丙考生的历史得了83分,那么,如何得出其等级赋分呢?

第一步:按照卷面得分将浙江省的所有考生划分为20个赋分区间,得出每个区间卷面实考分数的上限、下限。

第二步:根据该考生的卷面实考分数确定其所在的赋分区间,然后按比例转换。

假如丙考生属于第五区间,在全省属于前15%～21%,而该区间为卷面实考分数84～81分的考生,套用等比例转换的公式:

$$\frac{84-83}{83-81} = \frac{87-t}{t-85}$$

可以得到t=86.3,四舍五入取整后的等级赋分为86分。

可以看出,在等级赋分制中,不管原始分数是多少,考生全省排名的占比位置,才是决定选考成绩的最终因素。学生和家长并不需要掌握等级赋分制的具体计算公式,因为各省份都是通过计算机系统,自动套用公式输出转换等级分数,不论具体规则如何,至少对所有人来说都是相对公平的。这种赋分制方式在很大程度上解决了不同学科之间的可比性问题,避免学生都去选择容易考高分的科目,从而导致选科情况过分失衡。

当然,等级赋分制也不是没有弊端,各省份在实践中也在不断试错和纠正。但是,既然实行"3+3"选科制,等级赋分就必不可少。

各省份在等级赋分的规则上都有一定的自主权，每个省份实行的规则都不完全相同，考生可以查阅各省份教育部门的官方规定进行详细了解。

四、新高考为何要从"3+X"变成"3+3"？

在"3+X"时代，学生在高中阶段要做的选择就是二选一，读文科，还是读理科。

而在"3+3"时代，学生要做的选择是6选3，有多达20种选科组合（见表2-3）。

表2-3　新高考"3+3"模式下的20种选科组合

序号	组合	序号	组合
1	物理+化学+生物	11	化学+生物+历史
2	物理+化学+历史	12	化学+生物+政治
3	物理+化学+政治	13	化学+生物+地理
4	物理+化学+地理	14	化学+历史+政治
5	物理+生物+历史	15	化学+历史+地理
6	物理+生物+政治	16	化学+政治+地理
7	物理+生物+地理	17	生物+历史+政治
8	物理+历史+政治	18	生物+历史+地理
9	物理+历史+地理	19	生物+政治+地理
10	物理+政治+地理	20	历史+政治+地理

从"3+X"到"3+3"的高考模式，关键有两点改变：

· 打破多年来僵化的文理分科二元模式。

· 给予学生高考选科和未来前途的极大自主权。

也许我们的考试模式还会继续改变，比如第三批试点省份，采用的就是"3+1+2"的高考模式，但是新高考的大方向无疑是，在我国目前基层学校教育资源可以支撑的情况下，给予学生更多的考试、升学自主权，让他们获得更为个性化的教育体验。只有这样才符合我们的素质教育方针，更有利于培养复合型、创新型的社会人才。

（一）打破文理分科模式

在"3+X"的模式下，学生面临文理分科：喜欢或擅长文科的学生，在高考中会选择"文科综合"，喜欢或擅长理科的学生，会选择"理科综合"。在传统的考试模式下，学生没有更多选择，只能在文理科中二选一，即使已选的文科或理科中有不擅长的科目，学生在高考中也无法规避。

在这里，我们有必要谈一下中国已经实施四十余年的"文理分科"政策。1977年恢复高考后，为了解决人才断层问题，快速培养专业技术人才，我国开始实行"文理分科"政策。这也是承袭了苏联在进行国家工业化过程中的既往经验。但这种模式在新时期下的中国，多少有些陈腐过时。

如果我们仔细思考一下，就会发现不是所有学科都可以一分为二的，比如地理这门科目，到底是文科还是理科？在3+X模式下，物理、化学、生物是理科，而地理与历史、思想政治统一被归为文科。但地理不是更像理科吗？它和地球科学、天文学有关，名字上也有一个"理"字。

我们在高中思想政治课里会学到马克思主义哲学，那么哲学到底是文科还是理科呢？大部分人都认为哲学是人文学科，自然就该属于文科，其实不然。如果从学科发展史的角度来看，在亚里士多德时代，正是从哲学式的猜想中陆续诞生了各门具体的科学，哲学是科学之母，怎么能把它简单划分到文科中去呢？我们传统的文理分科其实是一种简便的"习惯"，并没有太多的科学道理。

从高校专业的角度来看，文理划分更加困难，大学里不仅有文学院、理学院，还有工学院、商学院、法学院、医学院等等，甚至还包括艺术学院和体育学院，大部分专业都很难在二元的"文/理"划分中找到属于自己的位置。所以，打破原来僵化的文科与理科并立的二元模式，有助于人们重新认识学科，重新认知我们所学的知识，避免僵化思维，可以帮助我们建立一种更为综合型与多元化的学科思维方式。

（二）给学生高考选科和未来前途的更大自主权

我们看到新的选科模式，让学生有了对高考和今后的人生更大的自主选择权。学生对前途的选择，由简单的"A或B"二选一模式，变成了在"6选3"的选科模式下，有20种学科组合的自由选择权。（浙江省是7选3，有35种选择。）

高考"3+3"选考模式的目的是让学生可以选择自己相对喜欢和擅长的科目，也能有机会避开自己不太喜欢或不擅长的科目，让每个学生都能最大限度地开发自身优势潜能，激发学习动力，使其所学科目跟大学的专业匹配度更高，有利于实行素质教育。

当然，凡事总有利弊两面，高考"3+3"选考模式也带来了一系列问题。比如更多学生在选科的时候，会有趋易避难的心理，导致学科偏难的物理和化学选考的人数相对较少，而这两个科目又是我国实行人才强国战略、提升国家科技实力的基础，我们必须对一些基础学科有所倾斜，才能保证我国有足够的科技人才，满足现代化发展的需要。

我们在推行更为自由的教育制度的同时，一定要考虑到中国基层中学教育的实际情况。新的"3+3"选科政策对中学师资力量要求比较高，很多中学没有条件展开自由选科，实行满足20种选科组合需要的走班制。那么一些地方高中只好采取强制办法，让学生在有限的几个选科组合里集中，这样一来，政策施行和实际教学的效果就会大打折扣。

新高考改革的目的之一是减轻学生的备考负担，强化日常学习。但是从部分省份实行新高考的经验来看，这一举措反而加重了学生和家长的心理压力和精神负担。比如，20种选科组合，怎么选就是一个很棘手的技术问题。

"3+3"模式中依然存在一些弊端，这也是"3+1+2"模式推出的理由。第三批高考试点省份推出新的高考模式，在一定程度上就是为了探索进一步改进"3+3"模式的可能。所以，从目前来看，"3+3"模式的改革之所以仍然停留在第一批和第二批试点，是因为这些省份相对来说经济发展较好，教育基础比较扎实。

五、"3+3"模式对高考主科产生的影响

在很多人看来，不论高考模式如何变化，最稳定的就是三门铁打的主科：语文、数学、外语。这三门科目的分值没有产生任何变化，表面上看，新高考对语、数、外三门没有什么影响，其实不然，选考与等级赋分制间接提升了主科的重要性。

在传统高考方案下，理科综合和文科综合满分都是300分，下面是没有每门的30/40分垫底的（等级赋分的最后1%考生，也能被赋分30～40分，就不再会存在0分考生）。文理综合试卷曾是拉开高考分的重要部分，目前的等级赋分制其实弱化了选考科目对高考总成绩的影响，再加上由于是科目自选，多数考生会选择自身优势科目参加考试，拉开分数档次的可能性进一步降低。这样一来，语、数、外三门学科的重要性间接得到了强化。

外语和语文在文理科上没有难度差异，差别比较大的是数学。之前文科数学比理科数学的难度低，自从文理不分科后，数学考试渐渐呈现出起点低、终点高的特点，也就是前面的题比较简单，和原来的文科数学难度类似，学生好上手，但后面的题还是和以前的理科数学

一样困难。对于很多想取得理想分数的同学来说，还是有着很大的挑战。另有推测说，由于很多省份英语实行一年两考，因此英语的成绩总体而言会向上往高分段偏移。想用英语成绩来拉开分数档次变得更困难，而语文又一向是分差最小的一门科目，这样一来，大部分学生都将拉开分数差距的希望寄托在数学上，高考数学整体难度可能会变得更大。

观察不分文理科后的各省份数学考卷，会发现其普遍呈现出"文头理尾"的考题结构：前面的考题明显比较简单，越往后考题越难。新高考后的数学考试，其整体难度应该变化不大，但考题的区分度会有显著提高。当然，这是理想情况，具体掌握考题难度其实并不容易。

"3+3"选考制度带来了语文、数学、外语三门主科高考地位的提升，日后主科的竞争想必会更加激烈和白热化。那么今后语文、数学、外语三门科目在考题内容等方面将会面临更多变革。主科考试内容与形式的改革，将会在很长时间内成为新高考改革的核心关注点。

六、 "3+3" 模式对高考选考科目的影响

新高考"3+3"模式的推出对各个选考科目而言，最大的影响是导致了学科分化，各个学科在考生中的受欢迎程度有很大差别。以生源大省山东为例，在2020年的高考统计数据中，山东省考生对于6门科目

的选考数据如表2-4所示：

表 2-4　2020 年高考山东省考生对 6 门科目的选考数据

高中学科	提要求专业（类）数	必选可报专业（类）数	选考人数	选考比例
物理	11212	7520	210815	39.52%
化学	5063	1397	265607	49.79%
生物	2933	388	308442	57.83%
历史	904	73	264861	49.61%
地理	922	147	361975	67.86%
政治	650	225	188514	35.34%

从数据上来看，很明显选考地理、生物的人数最多。如果我们了解中国高考的历史，就会知道，在"3+X"高考模式之前，我国曾实行过"3+2"模式，即地理在高一会考结束后不再学习，生物在高二会考结束后不再学习，这两个科目是高中的边缘学科，很多学校在地理、生物学科的教学师资很薄弱，教学水平不高。而在新的"3+3"选科模式中，地理与生物却成为热门选科专业！选考制度实施后，高中要实行走班制，根据学生的选科情况来安排教学。地理与生物学科的教学实力，如何跟上同学们的踊跃选择，将成为很多学校面临的一个挑战。

地理、生物的选考人数最多，化学和历史居中，物理和政治的选考人数最少，不仅山东如此，很多其他省份的考生也做出了类似选择。可见在"3+3"选考模式下，不同学科的地位发生了明显分化。政治科目的选考人数最少，但大学专业要求必须选考政治的科目本来就少，所以并不会有太大影响。最大的问题是物理，物理是大学专业里要求必考最多的一门，结果却在考生这里受到了冷落，很多省份出现了一定程度的"弃物理"现象。我们在后面详细分析选科策略的时候，会专门分析"3+3"模式下"弃物理"的现象。

七、合并本科批次，专业类平行志愿录取

目前，各个已经实施了新高考的省份，均已完成对本科批次的合并，在本科录取批次里，不再有"一本""二本""三本"的划分。本科批次只有"提前批"和"普通批"的差别。

另外，在旧的高考模式下，各批次志愿都采取传统的"顺序志愿"方式投档和录取。在新高考模式之下，除了"提前批"会保留部分院校和专业实行"顺序志愿"录取，其余均采用"平行志愿"进行投档和录取。以往的志愿填报以大学为核心，而新的志愿填报则以专业为核心，一个"专业（类）+院校"为一条高考志愿。

旧高考实行的是"顺序志愿"模式投档和录取，考生的志愿会被划分为"第一志愿""第二志愿"等等，投档时按照考生志愿的批次顺序投递。这样就会出现一个问题：一般来说好大学只愿意录取第一志愿填报该学校的学生。比如你的第一志愿是北大，第二志愿是浙江大学，而你从北大落榜，很可能浙大也不会收你。因为浙大从第一志愿里已经录满了，不会去考虑第二志愿填报的学生，这样一来，热门

的学校很难给第二志愿报考的学生留出名额。这样一来，考生在报考上会偏于保守，不太敢去竞争有落榜危险的好学校，容易"一失足成千古恨"。

那么，什么是平行志愿录取？

平行志愿指考生所报的志愿均是第一志愿，按分数的高低排序来给大学投档。如果你的分数不够北大的分，又刚好够浙大的分，浙大不会看你是第几志愿报了该校，而均当作第一志愿报考。志愿之间只有学生个人意愿和分数的顺序，没有批次的差别，这就是平行志愿。

简单来说，"顺序志愿"是按照"志愿优先，分数由高到低排序"的原则投档，而平行志愿则是按照"分数优先，遵循志愿"的原则投档。

那么，什么又是专业（类）平行志愿呢？

专业（类）平行志愿，是新高考招生同一类别、同一段次中若干具有平行关系的专业（类）志愿，以"专业（类）+院校"为志愿单位，按照"分数优先、遵循志愿"的原则进行投档。不同于以往以院校为志愿单位投档的院校平行志愿，专业平行志愿投档时，会直接投档到某院校某专业（类）里。

比如原来的模式下同时报考北京大学的数学、物理、化学3个专业，只需要填报在北京大学1个单位下；而在新的模式下，考生则需要填报"数学+北京大学""物理+北京大学""化学+北京大学"3个志愿。

在这里要特别提醒一下，专业类平行志愿虽然看起来更符合学生自主选择专业的需求，但由于高考采用了新的选考制度，因此一定要在报考前确认你是否符合报名专业的招生条件，尤其是选考科目的条件。因为一旦分数上线，投档之后发现条件不符，退档后就很容易落榜。

关于在新高考政策下的志愿填报规则，我们将在第五章进行更详细的解读。

八、新高考模式下的多元评价录取方式

新高考改革后，曾令人眼花缭乱的高校"自主招生"被叫停。目前高校录取考生的方式，除了完全靠高考统考的成绩外，还可以通过"强基计划"或"综合评价"的方式进行录取。有志于进入名校的考生更要重点关注。

（一）"强基计划"

2020年1月，教育部印发了《教育部关于在部分高校开展基础学科招生改革试点工作的意见》，推动新一轮基础学科招生进行试点改革。这一系列改革方案被简称为"强基计划"，主要是为了选拔培

养有志于服务国家重大战略需求且综合素质优秀或基础学科拔尖的学生。

"强基计划"希望在保证公平公正的前提下，探索建立多维度考核评价考生的招生模式。高校根据有关拔尖创新人才培养需要，制定"强基计划"的招生和培养方案。符合高校报考条件的考生可在高考前申请参加"强基计划"招生。高校依据考生的高考成绩，按在各省（区、市）的"强基计划"招生名额的一定倍数确定参加高校考核的考生名单。考生参加统一高考和高校考核后，高校将考生高考成绩、高校综合考核结果及综合素质评价情况等按比例合成考生综合成绩（其中高考成绩所占比例不得低于85%），根据考生填报志愿，按综合成绩由高到低顺序录取。

（二）综合评价

从2018年高一学生入学起，多省份都开始试行在高中建立学生"综合素质档案"，以教育部出台的《关于加强和改进普通高中学生综合素质评价的意见》为依据，各地中学将从思想品德、学业水平、身心健康、艺术素养及社会实践五个方面来客观记录学生的各项活动，为学生全面发展健康成长、为高考多元录取提供重要参考。

很多省份在高考改革的规划中，提出所谓"两依据、一参考"的录取方式，即依据统一高考成绩和高中学业水平考试成绩，并参考综合素质评价录取考生。推行"分类考试、综合评价、多元录取"的录取机制，而具体的实施方案将由各省份根据实际情况制定，或由对考生进行录取的高校规定。

综合评价招生是高考改革逐步推动后兴起的新型招生模式。这种招生方式最大的特点是基于考生高考成绩、高校综合测试成绩和高中学业水平测试成绩，按照一定比例计算形成考生综合总分，最后按照综合总分择优录取。综合评价招生是对现行统一招生方式的重要补充，它更关注高校自身培养特色和考生的全面素质发展。随着实施区域的扩大和试点高校的增加，越来越多的优秀考生和家长开始关注综合评价招生。

目前来说，综合评价招生方式并不是一个全国范围内的招生方式，更多是不同大学在不同省份的招生手段。也就是说，假如你要报考某大学，这所大学在你所在的省份有综合评价招生，那么你就可以进行报名；如果没有这样的项目，那么你只能通过高考成绩来竞争录取。

关于"新高考政策下的多元录取方式"，我们会在第八章进行更详细的探讨。

九、新高考核心理念的转变

高考从"3+X"模式走向"3+3"模式，不仅考试的外在形式发生了变化，其背后中国教育的核心理念也发生了一些转变。

在新高考改革之前，我们的高考理念更注重"绝对公平"。这方面有很多对传统高考的形容，如"千军万马过独木桥""一考定终身"等。有些学校甚至提出更激烈的口号:"提升1分,干掉千人!"这样的高考模式有其历史必然性。过去,我们需要用较低的成本来选拔人才,需要培养更"标准化"的人才,来支持整个国家完成工业体系与现代化建设。一个国家很难超出自身经济发展水平和社会发展阶段来进行超前的教育与教学。

但是,随着时代的发展,过去固化的高考模式逐渐显露出其弊端,我们给不同特点的学生一张相同的考卷,我们只注重选拔,而不注重改变学校教育模式,这必将带来教育模式的僵化。中学教育过于注重应试,而忽略了学生个性与综合素质的发展,学生学到的知识过于狭窄和陈旧,所有学生都用单一标准的模式培养,这已经无法适应现代信息化社会,也无法适应现代人需要自主学习、个性化学习和终身学习的多维需求。

通过新高考的举措,我们可以看出新高考与传统高考的不同理念,如表2-5所示。

表 2-5 新高考与传统高考的不同理念

传统高考	新高考
千军万马过独木桥	多元化升学路径
一考定终身	建立综合评价体系
选拔标准化人才	培养复合型、创新型人才

通过观察新高考不同批次的试点省份,我们可以发现,新高考首先进行试点的大都是东部沿海的经济发达省份,然后逐渐向中西部发

展较好的省份过渡。这其中也有其逻辑必然性，各地区的经济发展水平不同，社会发展形态和与之相应对教育的需求也不同，能够为教育提供的资源也不尽相同。

尽管各省份发展有其不均衡性，但我们也应当看到整个社会的大方向：我们正生活在一个经济全球化和科技变革突飞猛进的时代，我们早晚要面对教育的变革。教育对于下一代的意义，不是帮助他们应对今天的社会现实，而是帮助他们对明天的不确定性做好准备。广大教育工作者和学生家长们，不应抱残守缺，而是应该对历史潮流有更敏感的认知和把握。明日的社会需要大量创新型与复合型人才，这也就需要我们的教育模式进行快速转型与创新。

新高考的改革能否一步到位？现实地说，这是不可能的。如同我们国家40多年来的改革开放进程，教育变革也一定是在曲折中前进的，很多改革的方案都在试错中不断进化。很多现行的政策都可能会带来不同程度的问题，我们必须要有足够的耐心和包容心。不管怎样，变革已经在路上，就让我们一起来分析这其中的利弊与得失，找到积极应对的解决方案。

要特别说明的是，从2018年开始进入新高考试点，并在2021年夏季实施新高考的8个省份，采取的并不是"3+3"的高考选科模式，而是"3+1+2"的最新选考模式。而且，由于"3+1+2"的高考模式更贴近之后参与新高考各地区的中学教育现实，因此它很可能成为其他省份参与新高考的更普遍选择。

第三章

新高考政策概览之"3+1+2"

一、新高考选科模式"3+1+2"与"3+3"的主要区别

在上一章中，我们主要将"3+3"模式（见图3-1）与"3+X"模式进行对比，分析了新高考与传统高考的区别。在本章中，我们将重点分析最新出现的高考模式，也就是"3+1+2"选科模式（见图3-2）。

2021年夏季，第三批试点省份河北、辽宁、江苏、福建、湖北、湖南、广东、重庆等8地采取了"3+1+2"新高考模式，与此前第一批和第二批高考试点的上海、浙江、北京、天津、山东、海南6个省份的"3+3"模式又有所不同。

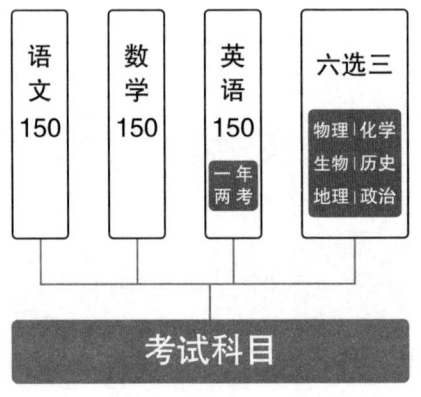

"3+3"模式下新高考必考科目
分值与考试次数

语文	数学	英语	六选三
150	150	150	物理|化学 生物|历史 地理|政治
		一年两考	

考试科目

图3-1　"3+3"模式

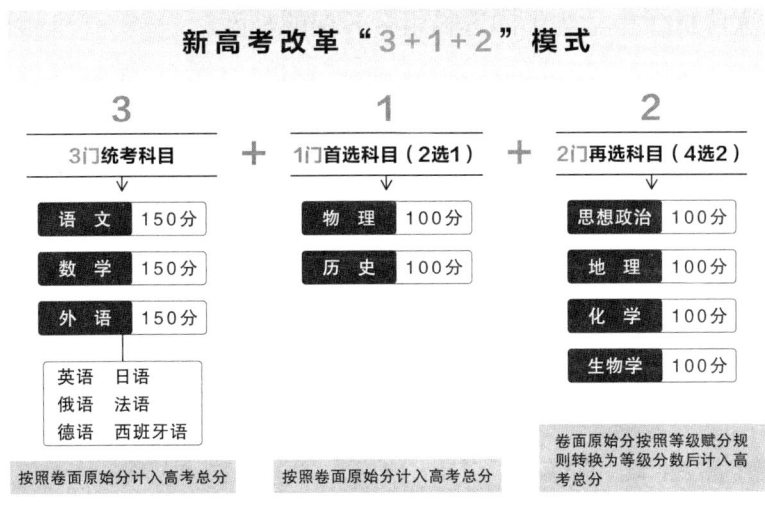

图3-2　新高考改革"3+1+2"模式

简单来说，因为"3+3"模式中容易出现"弃物理"这种偏难学科的现象，所以在"3+1+2"模式中，将历史与物理这两个文理科的标志性科目单独提出来，每个考生要在物理与历史中"必选"其一，然后再另选两个科目，组合成自己的6门高考科目组合。

"3+1+2"的选考科目方案是第三批进入新高考改革的8个省份在借鉴先行改革试点省份经验基础上，充分考虑本地原有高考模式、基础教育发展水平、高等教育和学科专业布局等因素的结果。可以说，后面将要参与新高考的省份，最可能采用的就是第三批试点省份的这种"3+1+2"的选科方案。

这个方案是目前经过了多轮探索之后，相对来说既能保证个体选择自主空间，突破高校选拔和培养的刚性限制，又能兼顾各省份教育资源有限、学校负担过重的一个折中方案，比较贴合目前我国高中的教育实际。"3+3"模式共有20种选择，而"3+1+2"模式只有12种选择，大大降低了中学为不同选科组合开课的难度。

下面，我们将对"3+1+2"选科模式进行解析，希望可以帮助各位考生和家长，更好地认清目前的高考与升学形势，从而做出更为科学、合理的学业规划，帮助考生在这轮改革浪潮中走出属于自己的名校之路。

二、新高考选科模式"3+1+2"的具体规定

"3"是全国统考科目语文、数学、外语，每门按照150分原始分计入高考总成绩。"1"是首选科目，考生需要在物理、历史两个科目中选择一科，该科目按照满分100分的原始分数计入高考总成绩。"2"为再选科目，考生可以在剩下的化学、生物、思想政治、地理4个科目中任选2个科目，最终组成自己的选科组合。这2个科目会实行100分制的等级赋分，转换为等级分后计入高考总成绩。

在语文、数学、外语这三门全国统考科目中，要特别说明的科目是外语，因为外语有听说考试，会将听说和笔试的成绩加成总分150分，计入高考总成绩。外语笔试部分为全国统考，但是听说考试由各省份自行安排。关于外语考试的时间和次数安排，第三批新高考改革省份做出了各自相应的调整：河北、辽宁、福建、湖北、湖南、重庆等省市只在6月份组织1次外语听力和笔试考试，待条件成熟后再实施外语一年两考；而在江苏和广东两省，会在6月份组织1次外语笔试，

而外语听说考试将放在平时并实行机考。

根据最新的实施方案，第三批试点的8个省份普通高中学业水平考试分为合格性考试和选择性考试。合格考的成绩是学生毕业、普通高中同等学力认定的主要依据；而选考的成绩计入普通高校统一考试招生录取的考生总成绩。8个省份均将高中学业水平考试的选考安排在6月统一高考期间进行，并且将考试次数确定为1次。选考由各省份统一命题、统一考试、统一组织阅卷、统一公布成绩。

有人会说：新高考改革，是不是由文理分科的"3+X"先改成了"3+3"模式，而后又改成了"3+1+2"模式？这种说法有一定的依据，但又不完全正确。从高考改革整体的模式演进来看，这似乎代表了新高考改革的一种潮流趋势。但是，仔细看就会发现这也会误导家长，尤其是那些还未进入新高考省份的家长，他们很容易认为新高考的选科政策在不停地"变来变去"。

其实不然，仅以2021年来说，头两批试点的6个省份依旧采用的"3+3"模式，而新进入高考改革的8个省份，不是从"3+3"规则进入"3+1+2"模式，而是直接从传统高考的"3+X"模式进入"3+1+2"模式，这一点是很重要的。很多人认为"3+1+2"模式是倒退，历史与物理的分科相当于退回文理分科的模式。其实还是非常不同的，且不说再选的4个科目是可以不区分文理科进行自由选择的，就是主科中的数学，也成了新高考模式下一个很大的变化——毕竟在文理分科的阶段，数学考试的难度在文理科之间是不同的，而在今后各种选科模式下，数学将会是同一张考卷。这实际上打破了固有的文理分科模式。

对于数学科目，目前根据教育部考试中心发布的消息，未来将大量增加原来文科生不学习的内容，考试的难度起点低、终点高。数学在拉开考生成绩差距上将发挥更大的作用。

在"3+3"模式下，一般省份有20种科目组合的模式（浙江省因为7选3，有35种模式），如表3-1所示。在"3+1+2"模式下，选科组合则缩减到了12种，如表3-2所示。

表 3-1　"3+3"模式下的 20 种组合

3+	"3"（20种组合）																			
语文数学外语	物理	物理	物理	物理	物理	历史	历史	历史	历史	历史	物理	物理	物理	物理	生物	政治	政治
	生物	生物	生物	化学	政治	生物	生物	化学	政治	历史	历史	历史	历史	化学	化学	地理	地理
	化学	政治	地理	政治	地理	化学	政治	地理	政治	地理	化学	地理	生物	政治	政治	地理	生物	化学
	1	2	3	4	5	6	7	8	9	10	11	12	13	14	15	16	17	18	19	20

表 3-2　"3+1+2"模式下的 12 种组合

12种组合	3	1	2
1	语文 数学 外语	物理	生物、化学
2			生物、政治
3			生物、地理
4			化学、政治
5			化学、地理
6			政治、地理
7		历史	生物、化学
8			生物、政治
9			生物、地理
10			化学、政治
11			化学、地理
12			政治、地理

也就是说，在"3+1+2"模式下，同时有物理和历史的4种选科组合，以及既没有物理也没有历史的4种选科组合将不复存在。

三、"3+1+2"模式下等级赋分规则的变化

在上一章中我们分析了使用等级赋分制的原因。选考导致在报考同一个专业类别和同一个学校的考生中，有可能甲考生与乙考生选的是不同的科目组合。这时候就要在不同的选考科目之间衡量他们的分数，原始分是不太适合在不同科目间横向比较的，而以名次为基础实

行的等级赋分，比较起来则相对公平。

在"3+3"模式中，除了语文、数学、外语三门主科各150分，采用原始分数计入高考成绩外，其他的各个选科地位都是平等的，都实行等级赋分制，可以相互比较。自由选科带来的一个尴尬结果是"弃物理"的现象。在浙江、上海第一轮高考试点，竟有80%左右的学生放弃了物理。原因是很多学生都认为物理学科偏难，平时就不好学，考试也很难取得高分。坚定选择物理的学生，往往都是将来明确想在理工科发展的"学霸"。因为等级赋分制，物理成了学霸们扎堆的学科，一般中等学生如果按排名赋分，选了物理以后，名次就会很惨，赋分也会比较低，这样就形成了物理选科的恶性循环。以升学的功利想法来看，"弃物理"是规则之下中等程度学生比较理性的选择。

但从另一方面来说，大学各种理工科课程的学习、国家科技的进步，都离不开基础扎实的物理人才。考生大量"弃物理"的现象不利于国家的人才战略。因此"3+1+2"模式将物理与历史单独提出来，采用满分100分的原始分制，有利于纠正"3+3"模式中可能出现的偏差。

下面我们来重点说明一下"3+1+2"模式下各省份所采取的等级赋分制方案。

目前来看，第三批进入新高考的8个省份拟采用初步统一的等级赋分规则，与之前6个省份的等级赋分规则有所差别。具体方案是以30分作为等级赋分的起始分，分为5个等级，各等级人数比例、赋分区间如表3-3所示。

表 3-3 新高考"3+1+2"模式下的等级赋分方案

等级	总人数百分（%）	赋分区间	2020年高考原始分数区间
1	15	100~86	93~72
2	35	85~71	71~60
3	35	70~56	59~43
4	13	55~41	42~28
5	2	40~30	24~0

根据表3-3，我们假设甲考生某科目的原始分数为85分，排名位于前0.39%，按照等级赋分规则处于第一等级，赋分区间在100～86，原始分数区间为93～72，转换后的分数是95分。算法为 $\frac{93-85}{85-72}=\frac{100-x}{x-86}$，计算得到最终赋分 $x\approx94.7$，四舍五入等于95。

假设乙考生某科目卷面原始成绩为65分，在所有考生中位于前33.39%，根据表3-3，该考生该科目排名位于第二等级，经查该等级原始分数区间为71～60。该等级的赋分区间为85～71分，则该考生的转换分数算法为 $\frac{71-65}{65-60}=\frac{85-y}{y-71}$，计算得到最终赋分 $y\approx77.36$，四舍五入等于77。

等级赋分方案下原始分数与等级分数的对应关系如图3-3所示。

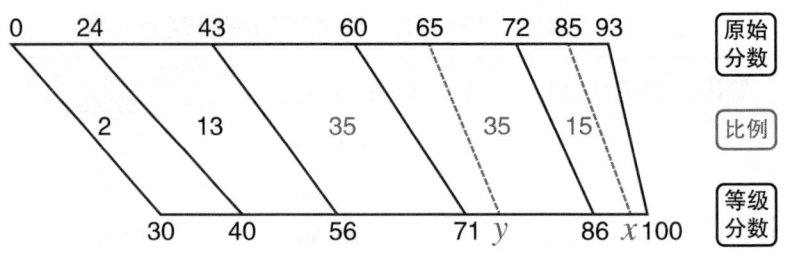

图3-3　等级赋分方案下原始分数与等级分数的对应关系

　　通过这一规则，我们可以看出，原始分数在所在省份的赋分区间，是赋分制度的决定性因素。并且，这种等级比例转换的方式可以尽量减小人为因素对分数的干扰，尽可能保证公平。

四、新高考"3+1+2"模式对考生的影响

　　新高考改革试点的第一、第二批6个省份，采用的是"3+3"模式，这一模式的初衷是好的，是为了让学生有更自由、多元的学科选择。语文、数学、外语三门主科没办法选择，但是在剩下的6门学科里可以选择3门自己最感兴趣、最擅长的科目，这样的改革无疑更贴近于高考改革的指导方针，更偏向于素质教育的大方向，可其实施的结果却不尽如人意。

　　就像我们在前文提到的，"3+3"模式后，选择物理或化学这类偏难学科的人数会减少，而且一旦选择这些学科的人数变少，这种趋势还会自我强化，使得低年级的学生更不敢选择相应科目。假设一个学习成绩中等，但是比较喜爱物理的学生选择了物理，那么他可能面临

选择人数少，且竞争对手都是学霸的情况。根据等级赋分制的规则，他的排名靠后，赋分的分数可能比原始分更低。这样一来，物理这样的学科就会不断排除后段考生，甚至开始排除中段的考生，陷入报考人数越来越少的窘境。

新的高考模式"3+1+2"使得物理、历史成了必选科目，以前可选的物理+历史+其他科目的选科组合将不复存在，没有选物理和历史任何一科的选科组合也同样不可能存在。这样6选3的20种组合，变成了先2选1、后4选2的12种组合。考生的可选择范围变小了。一定程度上，选物理还是选历史，意味着大学专业的方向是偏人文还是偏理工，2选1的重要性远远大过后面4选2的重要性。

由于再选科目即"4选2"的科目实行等级赋分制，一定程度上意味着高考的6门科目被分成了3个重要性等级：语文、数学、外语三门课程有150分，是最重要的三门主科；历史或物理，由于实行的是满分100分的原始分制，大家可以在100分的差距内竞争，这样就避免了在这两个科目由于选科与赋分制形成的高分相互挤压，且对于避免理工科学生弃考物理具有关键作用。剩下两门选考的课程采取等级赋分制，以30分作为赋分起点，意味着在这两个科目中，考生更难拉开分数差距。这样一来其实提升了物理和历史的重要性，同时也意味着偏文科的学生会弱化物理科目的学习，偏理科的学生会弱化历史科目的学习。

"3+1+2"模式是一个新探索，可能会出现哪些新问题，仍有待我们去观察和总结。为了理顺新模式下的高考程序，8个即将施行

"3+1+2"模式的省份在2021年1月23日到25日进行了一次模拟联考，以发现新的问题并及时解决这些问题。

至于"3+1+2"模式下的12种选科组合与"3+3"模式下的20种组合又有哪些选科策略的不同，我们将会在下一章《新高考政策下的选科策略》中进行更为深入的剖析。

第四章

新高考政策下的选科策略

一、如何选科是新高考政策下第一难点

新高考政策给中国的考生和家长们带来很多挑战，其中高中的选科恐怕就是最难的挑战之一。选科不仅会影响每个学生的高考成绩，也会影响在填报高考志愿时他们是否符合大学相应专业的录取资格，最终很可能决定他们的学业甚至是未来的发展生涯。

以往的文理分科高考模式，我们只需要二选一，考虑的因素相对简单，不具有太高的技术含量。但是新高考之后，不论是"3+3"模式下的20种选择，还是"3+1+2"模式下的12种选择，做决策的难度都增长了不止一个量级。

相对而言，"3+3"模式比"3+1+2"模式的选科难度更大，赋分制的影响也更突出。这是因为：

其一，"3+3"模式下有20种选择（浙江多一门技术课，是7选1，有35种选择），而"3+1+2"模式下只有12种选择，考生可以根据自身打算报考专业的文理倾向性，先从物理或历史中选一门，其他剩下的两个科目会相对容易选择。

"3+1+2"模式的创立，就是考虑了中学的教育水平和师资力量，降低高考中学校、家长及考生各方面的负担。如果能够通过物理与历史的选择对考生进行分流，剩下的选择难度会降低很多。

其二，"3+1+2"模式中，物理与历史都实行了100分满分的原始分制，实行等级赋分的两个"再选科目"，对高考总成绩的影响将进一步降低。因此，等级赋分在"3+3"模式中出现的"逆淘汰现象"，几乎不会在"3+1+2"模式中出现。

综上所述，在"3+3"模式中，也就是头两批进行改革试点的省份，更要注意选科的重要性和赋分制的特殊影响；在"3+1+2"高考模式下，虽然也不可粗心大意，但是相对来说，选科的心理压力不会那么大。

下面我们就来谈一下，选科的时候都要考虑哪些具体因素，以及如何建立一个适合自身条件的优良选科策略。

二、建立选科决策的三大认知基础

首先我们必须明确，没有一种选科方式是适用于所有人的，在新高考的选科问题上从来没有标准答案。我们只是从不同角度给考生们提一些建议，以确保考生们的选科决策尽量经得起多维度的推敲。科学的选科决策有以下三大基础：

第一个基础是自我认知，即正确认识自身的特点是什么，有什么样的学科偏好。如果你特别喜欢某个科目，那么你应该选择这个科目进入你的选科组合。因为兴趣是最强大的动力，是我们在某个学科里做到优秀，甚至是追求卓越不可或缺的因素。我们前面也谈到了新高考改革核心的目的，就是扩大学生的自主选择权，给学生带来自由的个性发展机会。假如你有特别偏好的学科、特别擅长的学科，那么毫无疑问应该首先将这门学科选进自己的组合里面。

但是，通常情况下最大的难点是，很多同学并不清楚自己最喜欢哪门学科，也说不清自己究竟擅长哪门学科。还有的同学说，我真的很喜欢某一学科，但我的成绩就是上不去，这种情况下该怎么办？

我的建议是，虽然一个人应该从自身特点出发来选科，个人的特点可以成为选科的首要考虑因素。但是，如果你觉得自身的倾向没有那么明显，那么可以先考虑其他的外部因素，比如大学专业里的选科限制、学校的教学资源优势等，在充分考虑其他因素的基础上再结合自身的学科兴趣来决定选科组合。

选考的科目均实行等级赋分制，如果我们认为自己比较擅长的科目，却没有体现出成绩上的比较优势的话，那么这就会成为一个选科陷阱。我们不能只从自身的主观愿望和感受出发，你具有优势的科目一定是你在班级、学年甚至全省排名相对靠前的科目，这才是选择这门科目的坚实依据。

第二个基础是对个人发展路径的认知。你将来想从事什么样的行业，你读大学时想选择哪方面的专业，这些专业类别都有什么具体限考科目的要求等。除此之外，你还要考虑你的目标是一个什么样的大学。如果你的目标是一所双一流大学，并且你想参加这所高校的"强基计划"来获得一定高考分数上的优惠，那么你要为此专门准备，了解目标高校"强基计划"入围后的校测内容。比如大多数院校的理工科专业校测都要考物理，有的还要考化学，文史类的专业一般会考历史。这样一来，你在选科时就不得不考虑这些学科，因为校测的难度往往会高于高考的难度，你要在特定的考察科目上增加自己知识的深度和广度。如果你选科时都没有选择这些学科，那么在参加校测时难免会力不从心。

我们对个人发展路径的认知是一个刚性认知，如果在这一点上都很模糊，那么就不要谈选科策略了。我们或许在这个阶段不需要有明确的人生目标、职业选择等，但我们至少应该确定自己未来的大方向，比如我们要学理工、人文、商科、法律还是医学？就算我们决定不了这个专业大方向，我们也至少要保持着对两三个大方向的开放性，保证我们的选科符合这两三个方向上专业的招生要求。

如果你尚未显露出明确突出的个人特质，那么个人的选科偏好就不能作为选科的首要考虑因素。这时，要以你未来想要发展的专业路径为准，将各高校对这些学科的选考限制作为选科的第一依据。

第三个基础是对所在中学师资现状的认知。在参与新高考的省份里，如果以学校来区分，重点高中和普通高中的选科组合差异是非常大的。一些公认比较有难度的科目，比如物理、化学等，在普通高中大家唯恐避之不及，但是在地区的重点高中，则成为一种普遍选择。每所学校都有不同的历史、不同的背景，在学科教学上也会有不同的优势，比如同一城市并立的两所顶尖高中，一所可能在文科上偏强，另一所则在理科上更有优势。

有时，我们会做出一个比较不太常见的选科组合，比如选择"物理+地理+政治"，这从道理上是可以说得通的。选物理大学可选专业范围广，选地理可能单纯是因为喜欢，选政治是由于将来打算考研，不想让政治知识变陌生——道理都很对，可是这样的选科组合在高中要给相应的学生开课是很难的。很多高中开的都是"选考套餐"，只有那么几种类型的偏大众化选科组合可选。一些教学资源丰富的高中可以去尝试比较特别、冷门的选科组合，但是对于一般的高中来说可能是一种奢望，现实里学校的教学资源并不支持。

下面我们会从大学专业（类）选科限制的角度来谈一下，如何确定适合自身的选科组合，有哪些需要考虑的影响因素。

三、大学专业（类）的选科限制要求

就高中阶段的选科来说，每个人的特质和学科偏好不是我们要重点讨论的问题，这一点因人而异，很难一概而论。对大多数人来说，应首先考虑大学的专业类别方向，然后再用倒推的方式来确定我们高中时的必选科目。

为了解大学里不同专业类别对高中选考科目的要求，我们选择了两所名牌大学作为案例，其一是华中科技大学2020年本科招生专业（类）在"3+3"模式高考试点省份的选考科目要求（见表4-1），其二是南京大学2021年本科招生专业（类）在"3+1+2"模式高考试点省份的选考科目要求（见表4-2）。

下面，我们先来看一下2020年华中科技大学不同院系在"3+3"模式高考试点省份的选考科目要求：

表 4-1　华中科技大学 2020 年本科招生专业（类）选考科目要求（"3+3"模式）

序号	院系	招生专业	选考要求	科目
1	数学与统计学院	数学类（含数学与应用数学、信息与计算科学、统计学）	1门科目，考生必须选考该科目方可报考	物理
2	物理学院	物理学类（含物理学、应用物理学）	1门科目，考生必须选考该科目方可报考	物理
3	化学与化工学院	化学类（含化学、应用化学）	2—3门科目，考生选考其中1门即可报考	物理 化学
4	机械科学与工程学院	机械类（含机械设计制造及其自动化、测控技术与仪器<精密仪器>、工业工程）	1门科目，考生必须选考该科目方可报考	物理
5	材料科学与工程学院	产品设计	1门科目，考生必须选考该科目方可报考	物理
6	能源与动力工程学院	能源动力类（含能源与动力工程、新能源科学与工程、核工程与核技术）	1门科目，考生必须选考该科目方可报考	物理
7	电气与电子工程学院	电气工程及其自动化	1门科目，考生必须选考该科目方可报考	物理

序号	院系	招生专业	选考要求	科目
8	生命科学与技术学院	生物医学工程类（含生物医学工程、生物信息学、生物信息学<基地班>） 生物科学类（含生物科学<登峰计划班>、生物技术、生物制药、生物科学<国家理科培养基地>）	2—3门科目，考生选考其中1门即可报考	物理 化学 生物
9	电子信息与通信学院	电子信息类（含电子信息工程、通信工程、电磁场与无线技术）	1门科目，考生必须选考该科目方可报考	物理
10	计算机科学与技术学院	计算机类（含计算机科学与技术、物联网工程）	1门科目，考生必须选考该科目方可报考	物理
11	软件学院	软件工程	1门科目，考生必须选考该科目方可报考	物理
12	建筑与城市规划学院	建筑类（五年制）（含建筑学、城乡规划、风景园林）	2—3门科目，考生选考其中1门即可报考	物理 历史 地理
13	建筑与城市规划学院	环境设计、数字媒体艺术	不提科目要求	不限
14	土木与水利工程学院	土木类（含工程力学、土木工程、交通工程、工程管理）	1门科目，考生必须选考该科目方可报考	物理
15	环境科学与工程学院	环境科学与工程类（含环境工程、给排水科学与工程、建筑环境与能源应用工程）	1门科目，考生必须选考该科目方可报考	物理
16	管理学院	工商管理类（含财政学<税务>、工商管理、市场营销、会计学<注册会计师>、财务管理）	不提科目要求	不限

续表

序号	院系	招生专业	选考要求	科目
17	管理学院	管理科学与工程类（含信息管理与信息系统、物流管理）	1门科目，考生必须选考该科目方可报考	物理
18	经济学院	经济学类（含经济学<实验班>、经济统计学、国际经济与贸易） 金融学类（含金融学、金融工程） 国际商务（英语二学位）	2—3门科目，考生选考其中1门即可报考	物理 化学 生物
19	人文学院	中国语言文学类（含汉语言文学、汉语国际教育）、哲学	不提科目要求	不限
20	新闻与信息传播学院	新闻传播学类（新闻学、广播电视学、广告学）	不提科目要求	不限
21	新闻与信息传播学院	播音与主持艺术	不提科目要求	不限
22	新闻与信息传播学院	传播学（网络传播）	1门科目，考生必须选考该科目方可报考	物理
23	法学院	法学	不提科目要求	不限
24	社会学院	社会学类（含社会学、社会工作）	不提科目要求	不限
25	公共管理学院	公共管理类（含公共事业管理、行政管理）	不提科目要求	不限
26	外国语学院	英语、德语、日语、翻译、法语	不提科目要求	不限
27	临床学院	临床医学（五年制） 临床医学（本硕博贯通培养） 医学影像学（五年制）	2—3门科目，考生均须选考方可报考	化学 生物

续表

序号	院系	招生专业	选考要求	科目
28	临床学院	口腔医学（五年制） 中西医临床医学（五年制） 医学检验技术	2—3门科目，考生选考其中1门即可报考	物理 化学 生物
29	护理学院	护理学	2—3门科目，考生选考其中1门即可报考	物理 化学 生物
30	药学院	药学类（含药学、药学〈生物药学基地班〉）	2—3门科目，考生选考其中1门即可报考	物理 化学 生物

（来源：华中科技大学本科招生信息网，篇幅所限，专业类别有部分删节）

2021年南京大学各类专业在"3+1+2"模式下的高考试点省份的选考科目要求：

表4-2 南京大学2021年本科招生专业（类）选考科目要求（"3+1+2"模式）

序号	专业类名称	包含专业	首选科目要求	再选科目要求
1	社会科学试验班	法学、社会学、社会工作、应用心理学、行政管理、劳动与社会保障、图书馆学（含公共数字文化方向）、档案学（含经济与科技档案方向）、编辑出版学（含数字化出版与新媒体方向）、信息管理与信息系统（含大数据管理应用方向）	物理或历史均可	不提科目要求

续表

序号	专业类名称	包含专业	首选科目要求	再选科目要求
2	人文科学试验班	哲学、汉语国际教育、汉语言文学、新闻学、广播电视学、广告学、历史学、考古学、考古学（文物鉴定方向）	仅历史	不提科目要求
3	经济管理试验班	经济学、金融学、金融工程、保险学、经济学（产业经济学方向）、工商管理、市场营销、会计学、财务管理、电子商务、工商管理（人力资源方向）、国际经济与贸易	物理或历史均可	不提科目要求
4	工科试验班	材料物理、材料化学、新能源科学与工程、光电信息科学与工程、生物医学工程、自动化、建筑学、城乡规划、工业工程类	仅物理	不提科目要求
5	理科试验班类	数学与应用数学、信息与计算科学、统计学，物理学，应用物理学、声学、天文学、空间科学与技术、大气科学、应用气象学	仅物理	化学
6	理科试验班类	环境工程、地质学、地球化学、水文与水资源工程、地质工程、地下水科学与工程、地理信息科学、自然地理资源环境、人文地理与城乡规划、海洋科学、环境科学（环境规划与管理方向）、环境科学（环境化学与环境生物方向）、地质学（古生物方向）、地理科学、大气科学类、地球物理学	仅物理	化学

续表

序号	专业类名称	包含专业	首选科目要求	再选科目要求
7	理科试验班类	环境工程、生物科学、生物技术、生态学、化学、应用化学、环境科学（环境规划与管理方向）、环境科学（环境化学与环境生物方向）	仅物理	化学
8	理科试验班类	物理学类、计算机类、数学类、天文学类、生物科学类、化学类	仅物理	不提科目要求
9	哲学	哲学	仅历史	不提科目要求
10	经济学类	经济学、金融学、金融工程、保险学、国际经济与贸易、经济学（产业经济学方向）	物理或历史均可	不提科目要求
11	法学	法学	物理或历史均可	不提科目要求
12	政治学类	政治学与行政学、国际政治	物理或历史均可	思想政治
13	社会学类	社会学、社会工作、应用心理学	物理或历史均可	不提科目要求
14	汉语言文学	汉语言文学	仅历史	不提科目要求
15	汉语国际教育	汉语国际教育	仅历史	不提科目要求
16	外国语言文学类	英语、德语、法语、西班牙语	物理或历史均可	不提科目要求
17	新闻传播学类	新闻学、广播电视学、广告学	仅历史	不提科目要求
18	历史学类	历史学、考古学、考古学（文物鉴定方向）	仅历史	不提科目要求
19	化学类	化学、应用化学	仅物理	化学
20	地理科学类	地理信息科学、自然地理与资源环境、人文地理与城乡规划、海洋科学、地理科学	仅物理	化学

续表

序号	专业类名称	包含专业	首选科目要求	再选科目要求
21	地质学类	地质学、地球化学、地质工程、水文与水资源工程、地下水科学与工程、地球物理学、地质学（古生物方向）	仅物理	化学
22	生物科学类	生物科学、生物技术、生态学	仅物理	化学
23	材料类	材料物理、材料化学、新能源科学与工程、光电信息科学与工程、生物医学工程	仅物理	不提科目要求
24	电子信息类	电子信息科学与技术、通信工程、微电子科学与工程、集成电路设计与集成系统	仅物理	不提科目要求
25	计算机科学与技术	计算机科学与技术	仅物理	化学
26	软件工程	软件工程	仅物理	化学
27	环境科学与工程类	环境工程、环境科学（环境规划与管理方向）、环境科学（环境化学与环境生物方向）	仅物理	化学
28	建筑学	建筑学	仅物理	不提科目要求
29	城乡规划	城乡规划	仅物理	不提科目要求
30	临床医学	临床医学	仅物理	化学、生物(选考其中一门即可报考)
31	口腔医学	口腔医学	仅物理	化学、生物(选考其中一门即可报考)

（来源：南京大学本科招生网，篇幅所限，专业类别有部分删节）

以上两个表格，是不同高校的专业类别在不同选科模式下对高中选科的限制性要求。通过浏览这两张表格，我们可以对各专业的选考限制有个初步的印象。在此，我把高校各专业类别的选考要求大致总结一下。

在"3+3"模式下，大学专业类别对选考科目要求的一般规律是：

（1）人文学科如哲学、历史、文学、语言类专业，一般不限选考科目。

（2）社会科学类如社会学、法学、公共管理、新闻传播类，一般也不限选考科目，少部分学校政治类学科和法学专业会限考政治。

（3）理科类与工科类的大部分专业，一般都会单限物理。除非是化学、生物或地理类的学科，会限选该科目，或者在该科目与物理中选一门考即可。

（4）经济、财经、管理类的专业，有些顶尖高校也会限选物理，但是大部分情况下此类专业并不限选考专业。

（5）医学类专业对于选考科目要求最严格，有些是要求在物理、化学、生物3门中选1门或选2门，有些学校直接要求3门全选。

在"3+1+2"模式下，很多高校的专业类别在对选考科目的要求上同"3+3"模式下的要求并无太大差别，要特别注意的是，"3+1+2"模式下是按照"物理组"和"历史组"的划分来招生的。

（1）理科、工科、医科类的专业，首选科目必须是物理。

（2）纯人文类专业，首选科目必须是历史。

（3）经济类、商学类、法学类等专业首选物理或历史皆可。

（4）很多高校的理工科专业，再选科目要求必考化学。

通过以上分析，我们大致可以根据自己要报考的大学专业方面的大方向，来确定我们选科策略中哪一门是"必考学科"了。

对于大学志愿偏文的学生来说，要报考的专业没有特别限制，很可能你没有"必考学科"，除非你选了大学里跟历史或政治关系密切的专业，才会有一个必选科目。但是在"3+1+2"模式下，恐怕你就要在物理和历史之间选择历史了。

对于大学志愿偏理工科的学生而言，物理就是你的"必考学科"。至于化学和生物是不是必选，要看你想报的具体专业来决定。在"3+1+2"模式下，你在物理和历史之间必然要选择物理，在再选科目中几乎也必须选定化学。现在你的"必考学科"已经有两门了，只有剩下的一门可以自由发挥。

对于大学志愿是经济类、商科、法学类的学生而言，要想竞争名校的这些专业，几乎也必考物理，你的"必考学科"也确定了一门。要是在"3+1+2"模式下，这类专业通过选物理或是选历史都可以进入，但是名校的倾向性很明显是物理，选物理的择校面更宽一些。但是跟理工科的学生相比，你未必要再多选一门化学。

想要进入医学院的学生，选科自由度恐怕是最小的。物理、化学、生物几乎都要选，你的选科组合策略一步就完成了。

四、等级赋分制对高考选科的影响

上文我们谈到如何从大学专业要求的角度来进行选科，因为大学专业对高中选科的要求是硬性的，这一步可以说是在确定"必选科目"。下面，我们来谈一谈如何确定自身的"优势学科"。

一般而言，我们容易形成一种惯性思维：横向去比较自己的各个科目成绩，认为自己学得比较好的学科，就是自己最具有竞争优势的学科。通常我们会说："不要跟别人比，要跟自己比。"这是一种很重要的人生智慧，却不太适合现行的新高考。有了等级赋分制后，我们的选科成绩是根据排名的位次来决定的，你的"优势学科"必然是跟其他人比较出来的，而不是跟自己比较出来的。"跟别人比"是你在高考选科规则下确定自身"优势学科"的唯一标准。我们做选科策略的时候，要了解各个学科的竞争态势，以进一步确定自己在某一学科中是否具有相对优势。

下面，我们看一组数据来体会各科目在选考规则和等级赋分制下的不均衡发展态势。我们就以最早进入新高考试点的上海市为例，跟踪从2017年到2020年的考生对这6门选考科目的选择数据，如表4-3所示。

表 4-3 2017—2020 年上海考生选科数据

	物理	化学	生物	地理	历史	政治
2017	19516	23134	25175	30677	23099	15154
2018	14814	18951	26904	34407	20611	14355
2019	12106	16053	31116	37687	20324	14601
2020	14442	16788	36029	41336	21548	16050

我们可以看出6门选考科目的热门程度总体是：地理＞生物＞历史
＞化学＞政治＞物理。

每年的数据会有微小偏差，但是地理和生物占据了最受欢迎的第
一阶梯，历史与化学在中间阶梯，政治与物理在最不受欢迎的第三阶
梯，这一局势基本没有变动过，其他各省份的数据大致如此。

图4-1更直观地显示了2017年到2020年上海考生各科目选考人数的
变化。

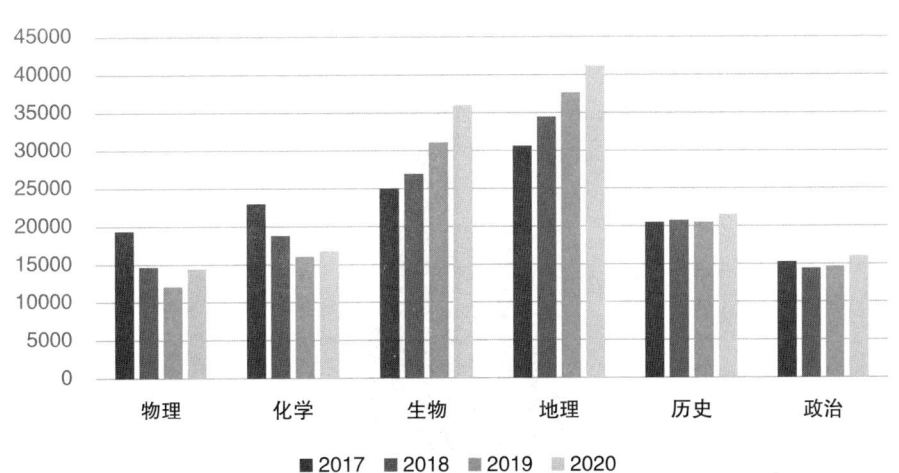

图4-1 2017—2020年各科目选考人数变化

地理与生物这两门学科，选考人数增长得最多，变得越来越受欢迎。历史和政治的选考人数基本持平，每年没有太大的变动。物理和化学这两门公认比较难的硬理科，选择人数逐年下降，自2020年推出扶持选科政策后才略有回升。

我们在前面介绍等级赋分制的时候谈到过，等级赋分制的设立是为了比较不同的学科，让选择了不同学科考同一个大学专业的考生可以转换分数，在同一个平台一较高下。相对而言，按名次取分的等级赋分制比直接比较原始分更公平。但是，这种公平有个隐含的前提，那就是各科目考生的分布大致遵循正态分布的规律。

什么是正态分布？简单而言，对于任何一个学科来讲，正常的分数分布，不会是学得好的、学得一般的、学得差的三种学生一样多，往往是中间部分的学生比较多，两头的学生比较少，通常我们称这种情况就是"正态分布"。更理想化的正态分布就是两边对称的"标准正态分布"，如图4-2所示。

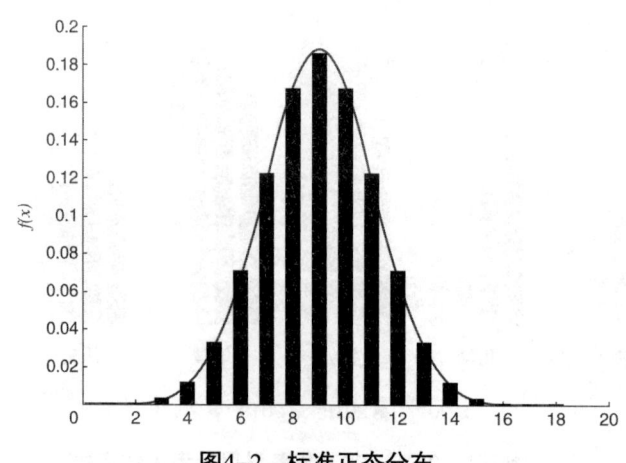

图4-2　标准正态分布

当然，我们知道"标准正态分布"是过于理想化的一种情况。但如果有些科目的分数分布并不呈正态分布，那么就会出现学科赋分危机。

比如物理，由于物理学科难度大，尽管我们知道从大学专业要求的视角看，选考物理的考生可以选择的大学专业面是最广的，但实际上还是有很多学生不愿意去"遭那个罪"。顶尖名校的热门专业基本都要求选考物理，因此"学霸"不可能回避这个科目。这样一来就形成了一种效应：学习成绩好的学生为了考取那些名校专业，必须去考物理；中等程度的学生有一部分想念理工科，也选考了物理；成绩处在后段的学生，根本就不会选考物理。这样就打破了物理分数的正态分布，由于等级赋分制，学习成绩好的学生在高分段相互挤压，选考物理的中等生经过"等级赋分"，变成了这门科目里的弱生。上一年的数据公布之后，对下一年的考生起到了警示作用，选考物理的中等生更少了，继而在物理这门科目上，高分段进一步"内卷"，学习成绩好的学生们比拼得更加"惨烈"，这门科目对其他分段的学生形成了更强的"驱逐效应"。

我们再举一个其他学科的例子。假如选考思想政治这门课的弱生比较多（只是举个例子，并没有证据说选考政治的弱生比较多），那么，去考一个不限制选考科目的专业，以物理去考的强势学生和以政治去考的弱生，他们都排在这一学科排名的中间位次，比如50%左右，那么他们的等级赋分成绩会是差不多的，但是毫无疑问，他们的真实学力并不对等。在学科不平衡的状态下，采取等级赋分制会造成巨大的结果偏差。因为等级赋分制的前提是所有科目的学习成绩好的学生、中等程度学生、弱生的分布比例是差不多的。但是，或许只有第一年是这样，随着各学科的分化日益明显，很快就会出现难易学科中学习成绩好的学生或弱生分别扎堆的情况。

以上分析使我们清醒地看到，各学科之间的"竞争态势"并不相同，当我们要去分析自身的"优势学科"的时候，必须评估这种学科之间的不平衡状态对自身的实际影响。也许你的某一门科目比另一门科目学得好（跟自己比较，用原始分比较），但是你的优势科目，是否会落在"学霸"扎堆的高竞争科目里，从而导致这种优势被"吃掉"？这是我们在制定"选科策略"时不得不注意和思考的问题。

各门学科之间天然就有差异，比如大家一般公认历史、思想政治这类纯文科，通过短时间内突击学习，成绩会提高得快，但是要拿高分，甚至是满分，却比理科难得多；而物理、化学刚好相反，仅仅把知识背下来是不够的，还需要大量做题，需要熟练的解题能力，短期内很难靠突击来提高成绩，但一旦开了窍，由于它们的答案具有精确性，因此"学霸"们在这些学科上更有希望获得满分。

这样一来，学习比较好的同学为了获得高分，倾向于选择偏理科的学科；成绩排名比较靠后的学生，为了分数不太低，倾向于选择文科。这也是文理分科时代最常见的一种选科思路。即使是在不再实行文理分科的"3+3"选考模式下，这也仍然是一种通行的选科惯例。即使我们不从成绩结果的角度来考虑，而仅仅从高中三年，学习过程中的吃力程度或愉悦程度来考虑，学科自身的天然差异也会对学生进行筛选。选择物理、化学的"学霸"扎堆，而在文科里面，中后段的学生同样会"抱团"。

这时候，如果你自觉物理和化学学得"还不错"，但还没到能"秒杀"其他人的程度，那么你就要仔细考虑一下了。如果你选这两个科目，在等级赋分制里遇到的都是学霸，你的排名就会非常靠后，得分也会很低，不如选考其他科目。因为在等级赋分制下，你的最终成绩不仅取决于你自身的实力，还取决于你选科的这一门中其他考生的学习程度如何。这需要我们开启一种"田忌赛马"式的选科博弈。

所以，我们在制定"优势学科"的选科策略时，应根据自身成绩的相对水平来谨慎评估，同时分析学科内的竞争态势，而不能只凭借自身对学科的喜好程度来衡量。

五、"3+3"模式下20种选科组合分析

新高考"3+3"模式下有20种选科组合。下面我们就来逐一分析各种选科组合的优劣势，以及适合的考生群体。

首先，我们看一下20种选科组合可报大学专业的比例（见表4-4）。

表4-4　不同选科组合可报大学专业的比例

序号	组合	可报专业比例	序号	组合	可报专业比例
1	物理+化学+历史	99.9%	11	化学+生物+历史	88.7%

序号	组合	可报专业比例	序号	组合	可报专业比例
2	物理+化学+地理	99.4%	12	化学+政治+历史	88.6%
3	物理+生物+历史	99.3%	13	化学+生物+政治	88.1%
4	物理+政治+历史	99.3%	14	化学+政治+地理	88.1%
5	物理+历史+地理	99.3%	15	化学+历史+地理	88.6%
6	物理+生物+政治	99.0%	16	化学+生物+地理	87.4%
7	物理+生物+地理	99.0%	17	生物+历史+地理	77.8%
8	物理+政治+地理	99.0%	18	生物+政治+地理	76.1%
9	物理+化学+政治	98.9%	19	生物+政治+历史	75.3%
10	物理+化学+生物	97.4%	20	历史+政治+地理	52.9%

在20种选科组合里，"历史+政治+地理"这种纯文科的组合在大学里只有一半的专业可选。

我们可以把20种组合分成为四大类、八小类来进行分析。

按照传统的文理科划分，我们可以将20种繁复的选科组合分为四大类：全理科组合、全文科组合、偏理科组合（2理科+1文科）、偏文科组合（2文科+1理科）。在偏理科组合里又可以分三小类："物理+化学+X""物理+生物+X""化学+生物+X"。偏文科组合里同样可以分三小类："历史+政治+X""历史+地理+X""地理+政治+X"。

表 4-5　20 种选科组合分类

全理科组合	全文科组合	偏理科组合	偏文科组合
物理+化学+生物	历史+政治+地理	物理+化学+历史	历史+政治+物理
		物理+化学+政治	历史+政治+化学
		物理+化学+地理	历史+政治+生物
		物理+生物+历史	历史+地理+物理
		物理+生物+政治	历史+地理+化学
		物理+生物+地理	历史+地理+生物
		化学+生物+历史	政治+地理+物理
		化学+生物+政治	政治+地理+化学
		化学+生物+地理	政治+地理+生物

下面，我们逐一对这8种分类情况进行分析：

1. 全理科组合"物理+化学+生物"

我们在前文已经提到，高校大部分理工科都要求选考物理，而大部分文科专业则"不限制科目"，这就形成了理科学霸对文科学霸的过界碾压（即可以用考理科的方式报考文科专业）。全理科的选科组合，专业选择范围已超过97%，这对于理科学霸来说具有很大的优势。

有人会说，为什么不选"物理+化学+历史"，达到99.9%的专业全覆盖？我认为没有必要，每个人在选科的时候，只需注意选科是否可以覆盖自己打算报考的核心专业方向，在其他专业上的覆盖广度有80%就足够了，没有必要为了增加百分之几的专业覆盖率而大幅提高学习难度，何况历史并不像生物那样容易得高分。

2. 全文科组合"历史+政治+地理"

全理科组合比较适合理科学霸，那么全文科组合是否也适合文科学霸呢？答案一般是否定的。在大学专业里，文科类要求选考历史、政治、地理科目的太少，这个选科没有在报考文科上形成任何优势。纯文科组合的专业选择范围在50%左右，许多名校的商科及经济类专业都要求必考物理，因此"历史+政治+地理"的选科组合，并不是一个很好的文科学霸的组合。

如果要给文科学霸挑选一个比较好的选科组合，在其文科学习有优势的情况下，我们大概会推荐"历史+地理+物理"或"历史+地理+生物"组合。选物理几乎是冲击顶尖名校的考生的"标配"，只要有物理学科，大学的专业选择面就会宽很多。但是如果物理学科成绩一般，也没有特别大的野心，只想考一所好学校，专业的选择上没有那么局促，那么"历史+地理+生物"也是很好的选择。因为生物在高中阶段并不算纯理科，没有那么多运算类的题目，又比政治学科知识系统，容易得分，选科专业广。如果文科学霸不太擅长物理这种硬理科，那么"历史+地理+生物"是很好的选科组合。

3. 偏理科组合"物理+化学+X"

在偏理科组合里，"物理+化学+X"毫无疑问是皇冠上的明珠。物理和化学被认为是6门选科里难度最高的两门，但由于纯理科的特性，物理与化学如果学得好，也是很可能得高分的学科。这一组合的选科至少可以覆盖97%以上的大学专业。对学霸来说，"物理+化学+X"组合是非常合适的。

　　至于文科X的搭配应该是历史、地理还是政治？我们比较推荐地理。首先是历史在文科里难度并不小，我们在前面分析过，"物理+化学+历史"这一横跨文理的组合是难度最大的，如果考生不是文理都很强的话，不建议选历史给自己增加压力。地理其实是个准理科，相对来说和物理、化学的思维方式很贴近。但是选地理也不是完全没有风险，地理是选考的大热学科，竞争也很激烈。选择政治的人有两种可能：要么政治学科学得比较好，要么是为升学考研做长线准备。一般来说，选考政治在大学里能报的专业很少，而且中学政治是一个比较杂糅的科目，缺乏知识系统性，难度不小，性价比较低，所以考生放弃政治学科也是有原因的。当然，如果考生的政治比地理学得好，可以在偏冷门的政治学科里得到优势，那么这种选择也是可以的。

　　那么"物理+化学+地理"与全理科组合"物理+化学+生物"哪个更好？一般来讲，这二者并没有太大差别。生物和地理都是文理兼备的学科，主要看个人兴趣，或选报的专业方向是否有特殊要求。打算报考医学类、生物类专业，当然选择生物更好；打算报考环境科学类、地理类专业，当然选择地理学科更好。

4. 偏理科组合"物理+生物+X"

　　在偏理科组合里，"物理+生物+X"是一种比较普遍的选择。大部分理工科专业，以及经济、管理类学科，报物理选考已经能够覆盖，因此在物理之外不选化学，并不会有太大影响。一般中等考生，不是为了报考特定专业，或为了避开学霸的锋芒，选择"物理+生物+X"也是不错的策略。

至于X的选择是历史、地理还是政治，可依据个人情况而定，主流推荐仍然是地理。理科中的"物理+生物+地理"以及文科中的"历史+地理+生物"是大多数学生的选择。可能存在的问题是选择的考生很多，竞争也比较激烈。

5. 偏理科组合之"化学+生物+X"

在偏理科组合里，"化学+生物+X"是一种相对不太推荐的选择。物理在理科中还是选科适用最广的，一般建议理科生选考物理。用化学代替物理，难度并没有降低多少，但是选科的范围明显缩小。除非有人化学特别强、物理特别弱，才会选择"化学+生物+X"组合。这样的情况应该极少出现，因为物理与化学的学科特点、思维方式本来就比较接近。

6. 偏文科组合之"历史+政治+X"

在偏文科组合里，"历史+政治+X"是一种相对不太推荐的选择。如前文所述，文科类专业普遍没有科目限制。两个纯文科组合"历史+政治"会限制专业选择面，历史与政治的文科特性会导致分数区分度很低，在赋分制下很难取得好的成绩，难与选考理科的学生竞争。

如果选择了这一组合，在理科那一门，我们一般的推荐是物理＞生物＞化学。推荐这个顺序的理由是，物理可以极大提高选科覆盖率；生物性价比高，是百搭科目；化学比较难，"性价比"较物理和生物略差。

7. 偏文科组合之"历史+地理+X"

"历史+地理+X"对倾向于文科类专业的考生来说是比较合适的选

择。如果选择了这一组合，在理科那一门，我们一般的推荐是物理>生物>化学。因为物理可以报考的专业面较广。不过，如果目标比较明确，只想选择不限制报考物理的专业，那么"历史+地理+生物"也是文科生比较主流的选择，很少有学生选择化学。

8. 偏文科组合之"政治+地理+X"

在偏文科组合里，"政治+地理+X"是一种最不推荐的选择。因为很少有限考政治或地理科目的专业，这样选科很难与大学专业衔接。

以上就是我们对于"3+3"模式下的各种选科组合所做的分析。当然，每个考生还应该结合自身特点和身边的现实条件来综合决定选科。

六、"3+1+2"模式下的选科策略

我们在前文中也提到过，"3+1+2"模式下选科比"3+3"模式简单了不少。下面我们就来具体分析一下，"3+1+2"模式下制定选科策略需要考虑的相关因素。

（一）"3+1+2"模式下等级赋分制影响力弱化

在新高考"3+3"模式下，每年因为选考的科目试题难度不同，对于考生的最终得分会带来很大波动，比如某年某个选考科目试题偏难，就会带来高分段区分度减弱；第二年假如试题偏简单，又会导致中等生区间的差距被人为拉大。

采用"3+1+2"模式后，等级赋分制的影响力有所减弱。赋分制的科目变少了，采用等级赋分制的选考科目由3门变成了2门，赋分制对总成绩的影响力自然大大降低。另外一个原因是，原来"3+3"模式中的各省份赋分制规则各不相同，如原来浙江采用的赋分制是3分一档，这种粗线条的等级赋分制很容易造成中等程度学生的"逆淘汰现象"。但是到了2021年，浙江也出台了新规定，等级赋分的分差变成1分，细化后的等级赋分制，有效减少了逆淘汰现象的出现。而采用"3+1+2"模式下的省份，在一开始就制定了统一的赋分制规则，吸取了之前赋分制的经验。赋分制采用的等级赋分分差越大，人为给学生拉开的差距也就大；分值变小后，其对总成绩的影响力也自然减弱。

（二）"3+1+2"模式下，专业与选科间更深度绑定

在"3+1+2"的高考模式下，历史组与物理组独立划线，高校在录取时更加注重专业与考生所选学科的深度绑定。

在"3+3"模式中，很多高校的专业都是没有选科限制的，6门选考科目里任选3门即可报考。但是在"3+1+2"模式下，各个大学专业至少要区分物理组可报考或历史组可报考，即使有个别专业物理组与历史组皆可招录，但也是物理组与历史组独立划线，分别招生。所以从考生的角度来讲，还是要先做出选物理还是选历史的基础性选择。

一般来说，选择物理学科的学生专业填报范围较广，可以填报90%以上的大学专业志愿；而历史组的选科组合局限性较大，一般只有50%左右的专业可以填报。在"3+3"模式下，大部分理工科专业的选考条件都是必考物理，或物理、化学二选一。但是在"3+1+2"模式

下，前面有了一轮对物理的选择，部分省份出现了选考"弃化学"的现象。这样一来，很多高校的专业又强化了对化学选考的要求，很多理工科专业不仅要求必选物理，还要求选考化学。这大大加深了大学专业和高中选科之间的绑定，可自由选科的余地更小了。

（三）"3+1+2"模式下，物理组选科组合分析

物理组选科有以下几个特点：

（1）专业覆盖面广，各种组合的基础专业覆盖率在85%以上，而"物理+化学+生物"这一学霸组合的专业覆盖率在95%以上。

（2）可选择的专业以理工科为主，同时覆盖大部分文科，只有少数人文类专业不能报考。

（3）物理组相当于传统意义上的理科班，一般选择的人比历史组多，高校的招生计划也多，面临的竞争也相对激烈。

（4）物理的学习难度本身就大，还有很多理工科专业在此基础上限选化学，所以物理组整体学习难度会比历史组更大。

下面我们逐一分析一下物理组的6种选科组合：

1. 物理+化学+生物

这是传统的纯理科组合，又被称为"学霸组合"，可以报考的大学专业数量最多，符合绝大部分理工科院校、医学院校的专业要求，但学习难度也最大。这个组合适合整体学习成绩拔尖的同学选择。

2. 物理+化学+地理

这一组合接近纯理科组合，而且一般认为地理比生物的学习难度低。可报考的院校和专业数量仅次于前一组合。缺点是地理科目太受

欢迎，面临的竞争也比较大。这个组合适合地理比生物学得好的同学选择。

3. 物理+化学+政治

这个组合适合生物成绩不太好，但是记忆力不错的考生，可以报考的院校和专业数量也比较多。有些人选择这个组合是为了考研打底子，保持对政治科目的熟悉。但政治科目想考高分并不容易，这个组合适合在政治科目上有优势的理工科学生。

4. 物理+生物+地理

这个组合和理、化、地组合比较类似，适合想学理科类专业，但是化学成绩又不太好的考生报考。缺点是可以报考的专业相对于理、化、地来说较少，现在很多理工科都要求再选科目必选化学。这个组合适合化学一门比较薄弱的考生。

5. 物理+生物+政治

这个组合和理、化、政组合接近，一般选择的人不会太多，比较冷门。比较适合今后想从事生物学、生物技术类，但化学不太好的学生选择。生物类专业在国内总体来说刚处于起步阶段，如果学得不是很拔尖，未来的道路可能比较坎坷。总体不推荐这个组合，相对来说还是选化学的出路比较广。

6. 物理+地理+政治

这个组合适合文科生选择，如果物理成绩比较好，那么这个组合是绕道进入商科、财经类专业的不错路径。报这一组合可选择的大学专业还是比选历史组的要多些。

（四）"3+1+2"模式下，历史组选科组合分析

历史组选科有以下特点：

（1）专业覆盖面较物理组为窄，能覆盖的专业只有50%左右。

（2）面对的大学专业以文科类为主，能覆盖大部分经济、金融、管理等文理交叉学科，同时覆盖少部分理工科，但在招生人数方面会比物理组少得多。

（3）历史组相当于传统意义上的文科班，一般选择历史组的人会比选择物理组的人少，面对的竞争不会像理工科那么激烈。

（4）历史组中也可以再选化学、生物等科目，生物还好，不选物理组却选考化学科目的人应该很少。

大学里选考历史组可以报的专业类别，基本都没有再选科目的限制。所以在历史组里，再选科目的两门更可以根据个人特点自由选择。

下面我们来逐一分析一下历史组的6种选科组合：

1. 历史+地理+政治

这个组合是最纯粹的文科组合，适合想学人文社科类专业的考生。这个组合可以充分发挥文科生优势，应该是偏文科学生比较常见的选择。

2. 历史+化学+地理

化学在历史组中会比较尴尬，因为其学习难度不低于物理。不选物理组却来选化学的考生很少，只有想读文科类但化学成绩又很好的考生才会这样选。

3. 历史+地理+生物

这个组合里的生物与地理都是较受欢迎的热门科目，选择这个组合的人应该很多，竞争也相对激烈。

4. 历史+化学+政治

这个组合与史、地、化组合差不多。选择化学的人不会太多，不论再选地理还是政治，应该都只是个人偏好。政治比地理更需要大量记诵。

5. 历史+生物+政治

这个组合用生物取代了纯文科组合中的地理，应该也是看个人喜好或特长来选择的。

6. 历史+化学+生物

这个组合和纯理科组合只差一门物理，应该几乎没有人不选物理组，却选两个理科与历史搭配，逻辑上看是比较奇怪的组合。

最后，我们再来总体回顾一下"3+1+2"模式下的选科策略：

（1）文理倾向若不明显，请选择物理组，因为可选报的专业较多。

（2）选择了物理组，一般也要再选化学，这样可以报考大部分理工科专业。

（3）除非偏科很严重的考生，否则不要考虑物理组加两个文科，或历史组加两个理科的冷门组合。各学科之间关联度不大，报考大学专业也很难衔接。

（4）历史组可选的专业范围较窄，需要考生有较为明确的方向。

（5）地理与生物是百搭学科，适合做补足选科组合的最后一门。一般来说，地理比生物简单，但生物对应可选的大学专业更多。

七、建立个人选科策略的总体公式

在前面几节的分析基础上，我们列出一个选科策略的公式。只要理解了这个公式，基本就可以做出一个很好的个人选科策略：

选科策略=必考学科+优势学科+潜力学科+百搭学科

在这四个阶梯上选出你与之对应的学科，就可以搭配出属于自己的选科组合。有时可能没有必考科目，比如当你打算读语言类专业的时候，会发现大部分高校在这类专业上都不限制选科。那么你就可以在后面三项中寻找自己的选科策略组合。

有时，你可能仅在必考学科这一项上就已经确定了自己的三门科目，比如你想读生命科学类或医学类的专业，你会发现有的大学要求必选物理或化学，有的要求必选生物，有的甚至会优先录取同选物理和化学的考生。为了实现你的专业理想，同时尽可能覆盖更多的高校，最好选择"物理+化学+生物"这样的选科组合。

但对于大多数人来说，可能要从"必考学科→优势学科→潜力学科→百搭学科"这四个阶梯按顺序走下来，才能在某一步找到适合自己的学科组合。

下面我们将对每级阶梯逐一进行简单说明，后面还会就需要考虑的其他因素进行分析。

（一）必考学科

要做到科学选科，我们必须找到一个基于长远目标的、确定性的指针。选科不能随意，我们要用选考的科目来进行高考，同时考虑我们选择的科目能否被大学接受，能否让我们如愿以偿地选到理想的专业。

那么，我们应该去读什么专业类别呢？这又是根据我们未来的志向和人生规划来决定的。所以，选科绝对不应该是一个随随便便的决定，不是抽签或赌博，我们应该抓住这个机会对自己的人生进行更多的思考和探索。

正确的思路应该是根据你未来的志向选择你大学就读专业的大类，再根据这一类专业高校比较普遍要求的选科限制，来决定你的必考学科是哪一门或者哪几门。

整体思路：未来志向→大学专业类→限制选考科目。

你可能并不清楚自己未来的具体志向，但是大学里的专业只有那么几大类，对这些专业类的方向做一些梳理和探索并不是很困难。

（二）优势学科

很多人会用自己的优势学科来作为选科的第一顺位原则。可是在这里，我们把它放在了第二顺位，因为考生对于优势学科的理解往往存在偏差。

首先，只有在某个学科上非常有天赋，竞赛得过奖、有过发明创造等，且在这个学科上的成绩一直名列前茅，才算得上是"优势学科"。如果你只是在某个科目上比其他科目的成绩稍好一些，那么这样的"优势学科"很可能会成为你选科时的陷阱。

由于各门课程实行等级赋分制，因此本质上是按照排名来决定最终成绩的。如果只是因为你的物理成绩比历史成绩好一些，你就觉得自己的优势学科是物理，那么你的名次很可能在物理的大排名下相对落后，最终落得一个很低的折算后分数。这样还不如考历史，能拿到更靠前的名次，赋分也更高。

总之，自己某学科的成绩跟别人相比具备实打实的排名优势，这门学科才算得上是真正的优势学科。也就是说，必须是经过验证的现实优势，而不是想象的优势或自认为的未来优势。

（三）潜力学科

前文我们提到不要误解自己的"优势学科"，那么当你确定了自己的优势学科的情况下，不妨同时开发一下自身的"潜力学科"。

这个潜力学科可能你并不擅长，但想要完成自己的梦想，就必须接受挑战。比如对很多成绩好的学生来说，要冲击顶尖高校，就必须学一些竞争性很强的学科，比如很多顶尖高校的金融类专业，就必须要选考物理。甚至某些名牌大学的社会科学实验班也要求选考物理。那么这门科目，就是我们不得不去挑战的。

潜力学科也可以是你非常喜欢的学科，虽然你还没有在这门学科上充分证明自己，但是未来的几年内，你愿意为它投入精力，是你特别感兴趣的学科。或者这个学科相当热门，对你的未来意味着更多可能性。它虽然不是大学专业强制要求的选考学科，但是和你未来要读的大学专业有很强的知识关联性。

大多数人在选科的时候，也是在选择一门高中几年要着重学习的科目，所以根据重要性、实用性和热爱程度等因素来选一门潜力学科也是很有必要的。

（四）百搭学科

百搭学科大概就要数生物和地理两科了。从各省份的选科统计数据来看，生物和地理由于具有亦文亦理的特点，反而从边缘学科完成了逆袭，成了选考政策下最受欢迎的学科。对于很多考生来说，当选科的三门不满的时候，最后加上一门生物或地理，总是一个不错的选择。

必考学科可能就是我们的优势学科，百搭学科也可以被规划成潜力学科，这套选科公式并不固定，只是给大家提供一种选科思路。这样去选高考科目，逻辑会清晰很多。"3+1+2"模式下的考生选科会比较容易。因为"3+1+2"模式下会分成物理组和历史组，考生首先会像之前的文理分科一样，做出一个二选一的决定，而这个决定并不困难。

物理组的学生，将来大概率要报考理工科类专业，很少有人会报考文科类专业。选物理会比选历史的专业选择面更广，大多数大学专业会在选科上限选物理，而很少有专业会限选历史。对于选历史组的学生来说，基本都是比较明确要报考文科类的专业，或文理交叉类专业。

从数据上来看，选了物理组，同时选择两门文科专业搭配，或选了历史组，同时选择两门理科来搭配的情况非常少见。大多数人往往更愿意选择生物、地理这样的百搭型专业来做选科搭配。"物理+生物+地理"或"历史+生物+地理"这两种选科模式是最受欢迎的。

需要注意的是，很多专业具有文理交叉的性质，如经济、金融、管理类，许多名校录取这类专业的学生时要求必考物理。所以，如果不是专注于人文类专业、语言类专业、新闻传播类专业的考生，我们还是建议报考物理组，这样以后的专业选择面会更宽一些。

八、关于选科的额外思考

（一）选科没有对错，要给自己留点挑战的空间

我们选科时并非临近高考，因此有很多不确定性。因此，我们应基于自己的学科基础，有一定的前瞻性和预测性。我们需要根据自身的成绩与排名，找到自身的优势学科，同时也要判断未来选择大学专业类别的大方向。如果确实需要选择有难度的学科（比如物理），我们应提前做好准备，而不是直接放弃。

（二）重视个人对学科的热情，避免没有灵魂的选择

如果选科的结果让你会觉得无聊，那么你很可能在未来的几年都不会全力以赴。无论是在学校教育的哪个阶段，其核心都是发现自己的兴趣所在。所以，在制定自己的选科策略时，务必带上自己的热情，选择自己心仪的学科（哪怕不能选三门，也要至少选一门）。兴趣是学习的原动力，没有什么学科是绝对不该选的。即使你的选择比较冷门，在了解风险的情况下，你仍然可以坚持自己的选择。忠于自己内心的选择，永远是最好的选择。

（三）把选科看作一次促进自我成长与职业探索的机会

如果考生能够了解自己未来想从事什么样的职业，就可以用目标倒推法，判定自己大学所应学习的专业类别，然后根据专业的特性，再倒推出自身的选科组合。高考选科制度给我们提供了一个契机，让我们对个人的未来进行展望，我们应该利用选科的机会对自身的未来有更多思考，对于未来的目标有更多积极主动的调研与探讨。这些会让选科不是一个单调的选择题，而是一系列行动所带来的更为笃定的结果。

（四）考虑学校的师资条件，与家长、老师充分沟通

因师资力量、历史传统不同，每所学校都有自己的优势与劣势。学生在各科成绩差不多的情况下，尽量选择学校教学实力较强的优势科目，最好不要选择学校师资力量存在短板的科目。选考规则导致学校不得不实行走班制，很多学校也会强制学生必须选考某个科目，以方便组织教学。这些都是在现实中要考量的因素。你的学校在传统

上是文科强还是理科强，这一点无疑也会成为制约个人选择的关键因素。

考生要和父母充分沟通，取得他们的理解；家长应尊重孩子的意愿和自主权，让他们来决定自己的人生大事，并在其中获得成长。这对中国学生而言，是难得的自己做决定的机会。确定选考科目不是一件容易的事，沟通和理解是十分有必要的。

（五）选科中的心理策略：积极而不冒进

在选科上，很多学生会倾向于选择比较轻松的科目，而没有明确的大学专业规划，这其实是不对的。仅仅为了轻松而选科，可能会面临大学专业难以衔接的问题。在高中选科中，要给自己"适度的挑战"，既不能不切实际，又不能太轻松，以至于不需要努力，这是选科的适度心理策略。

总体来讲，在新高考方案之下，对于尖子生来说，他们倾向的选科方案就是物理+化学+其他学科（一般是生物或地理）；而对于一般学生而言，则是先选一门物理或历史，然后从生物或地理中选一门或两门。除非有特别的专业倾向（要求必考化学或政治），否则中等学生对较为困难的学科还是会下意识规避的。

我们分析了"3+3"模式及"3+1+2"模式的高考选科制度后，会发现考生主要比拼的科目还是语文、数学、外语三大主科，以及历史或物理这样的核心科目。真正凭借赋分制的科目拉开分数差距是非常困难的。高考对于顶尖学生的真实水平甄别还是有所欠缺，所以很多名牌高校加入了"强基计划"或"综合评价"录取方式，希望用这种方式选到具有特色的好学生。

　　不论如何，新的高考制度通过选科模式，让学生有了对未来自主选择的意识。很多学生也开始积极探索选科与未来大学专业、职业发展之间的关系，促进意识的启蒙以及对知识的主动求索。尽管新高考选科制度与赋分制还存在种种不足，但是改革已经拉开了序幕，我们只能努力地理解它、适应它、发展它，争取在现有规则下取得一个比较满意的结果。我们相信随着高考选科制度的不断完善，中国定会培养出更大一批文理兼备的复合型创新人才！

第五章

新高考志愿填报规则解读

一、"3+3"模式与"3+1+2"模式有很大区别

新高考的志愿填报和录取规则与旧高考有很大差别，站在新高考和旧高考转折点上的考生，也就是新高考规则刚刚实施3年间的各地高考生，面临的压力格外巨大。基于新高考规则，不论是"3+3"选科模式，还是"3+1+2"选科模式，都与原来的分数评价方式很不一样。大家有了不同的选考科目，选考的科目又实行等级赋分制，这样一来，新高考的分数就无法和旧高考时代的高校录取分或专业录取分数进行直接比较。

但是，这并不意味着新旧高考是完全不同的，我们仍然可以利用历史经验去评价我们自身的成绩水平，从而在新高考政策下做出更合理、更有逻辑的志愿填报。这里需要强调的是，"3+3"选科模式和"3+1+2"选科模式下，志愿填报也会有很大的区别。

相对来说，"3+1+2"模式下的志愿填报，往年的数据更具有参考价值。尽管"3+1+2"模式推出得更晚，新参与的8个省份考生似乎在2021年也没有现成的往年数据可以直接参照，但是新模式下的物理组与历史组的划分与原来高考的文、理分科形式更接近。数据分析发现，选科为物理组的考生与往年理科生人数接近，而选科为历史组的考生与往年文科生人数也没有太大差别。所以，通过全省的分组排名位次，将自己的高考分数转化为文理分科时期的高考分数，与当年

的高校及高校各专业录取线进行对比，这种分数换算方法仍然是成立的。

"3+3"模式的情况就比较复杂了。因为"3+3"模式下不再分文理科，也没有物理组与历史组的分别招生。所有考生都在省内进行大排名，这时候的位次也好，成绩也好，都与新高考实施前往年文理分科的排名与录取差异极大。此时，新高考的情况无法与旧高考下往年的各高校及其各专业录取分数线进行有效比较。

2020年，北京、天津、山东、湖南第一年实施新高考，由于缺乏相应的数据，这4个省份的考生在填报志愿时遇到了很大的困难。尽管当时出现了很多方法帮助考生进行分数折算，但事实证明，没有一种估算方法是令人满意的，都存在很大的误差。2020年，山东省考试院官方曾明确提示当年的考生："在今年的新高考中没有什么好的方法可以使用往年数据进行志愿填报。"

好消息是，从2021年开始，实行"3+3"模式的省份已经有了2020年一年的录取成绩可供参照，不再以近乎盲选的方式进行志愿填报。同时，我们也应该知道，每年的分数还会受到当年考试难度、考生的选科情况等各种复杂因素的影响，因此2020年的录取成绩只能作为参照的一部分。另外，我们仍然可以分析一下新高考之前各省份的录取成绩，从而让自己的志愿报考更有把握。

那么，"3+3"模式下该如何进行分数换算，才能保证志愿填报的科学有效性呢？

二、"3+3"模式下，如何对高考分数做换算

（一）为什么要进行高考分数的换算

可能会有人好奇，为什么每年出了高考成绩之后还要进行分数换算？直接跟往年的高校及高校各专业的录取成绩进行对比不是更简单吗？

每年的考试题难度可能有所不同；每年由于政策的调整，考生们的选科组合情况可能会发生变化，这些都可能导致分数的上下波动。而从高校录取的角度来讲，一定层次的学校，录取学生的相对名次往往是固定的。基于这一点，我们要用考生的排位名次（位次）为基准，来进行成绩换算。比如，2021年高考的考生，当年高考成绩出来之后，我们是无法预见各高校及其各专业在2021年的最新录取分的；我们只知道往年的录取成绩信息，所以我们需要将分数换算成2020年或之前的等效成绩，才能与当年高校及其各专业录取的成绩进行对比。

（二）如何进行高考分数的换算

目前，在实行"3+3"的考试模式的省份中，山东是参考人数最多、需要填报志愿个数最多的省份，共有96个志愿需要填报；天津的总体规则相同，有50个志愿需要填报；北京和海南则沿用了以往的"院校+专业"填报模式。不论志愿填报的规则如何，第一步永远是进

行分数换算。只有把分数换算清楚，才能知道自己可选择的院校和专业的范围，从而继续进行后面的流程。

实行"3+3"模式的省份已经不是第一年实施新高考了，进行分数换算时，最有可比价值的就是将分数换算到2020年，与2020年的各高校及各专业录取成绩进行对比。我们需要准备以下几种基本的数据资料：

·2021年高考成绩一分一段表

·2020年高考成绩一分一段表

·2020年各高校录取成绩及各具体专业的录取成绩

·2021年各高校招生计划汇编

以山东省为例，假设某山东考生在2021年的高考分数是661分，通过2021年高考成绩一分一段表的查询，他的全省排名是3000名。（这里仅是假设，本书写作的过程中，2021年的高考尚未到来，也没有2021年高考成绩的一分一段表。）那么我们就可以对照2020年高考成绩一分一段表，查询到同样位次（第3000名）在2020年的高考成绩大约是658分。表5-1是山东2020年高考成绩一分一段表（片段）。

表 5-1 山东 2020 年高考成绩一分一段表（片段）

分数段	选考物理		选考化学		选考生物		选考政治		选考历史		选考地理		全体	
	本段人数	累计人数	本段人数	累计人数	本段人数	累计人数	本段人数	累计人数	本段人数	累计人数	本段人数	累计人数	本段人数	累计人数
696	9	56	9	56	9	52							9	56
695	15	71	15	71	13	65							15	71
694	7	78	8	79	8	73							8	79
693	21	99	20	99	19	92							21	100
692	19	118	18	117	17	109							21	121
691	19	137	18	135	17	126							19	140
690	25	162	23	158	22	148							26	166
689	18	160	18	176	17	165							18	184
688	20	200	20	195	20	185							21	205
687	24	224	24	220	22	207							25	230
686	23	247	23	243	19	226							24	254
685	26	273	26	269	22	248							26	280
684	42	315	42	311	35	283							42	322
683	35	350	35	346	31	314							35	357
682	39	389	38	384	38	352							42	399
681	54	443	54	438	53	405							58	457
680	55	496	54	492	42	447					9	52	56	513
679	63	561	65	557	53	500					10	62	66	579
678	55	616	54	611	52	552					6	68	58	637
677	62	678	64	675	56	608					6	74	65	702
676	60	738	64	739	55	663			7	52	11	85	68	769
675	75	813	74	813	71	734			2	54	4	89	76	845
674	67	880	64	877	62	796			11	65	8	97	73	918
673	86	966	79	956	76	872			6	71	10	107	88	1006
672	86	1052	82	1038	76	948	5	51	10	81	17	124	92	1098
671	95	1147	93	1131	90	1038	13	64	9	90	15	139	105	1203
670	100	1247	93	1224	91	1129	5	69	8	98	18	157	105	1308
669	109	1356	107	1331	98	1227	8	77	17	115	18	175	119	1427
668	127	1483	126	1457	115	1342	12	89	18	133	22	197	140	1567
667	114	1597	111	1568	103	1445	9	98	13	146	25	222	125	1692
666	119	1716	117	1685	108	1553	12	110	11	157	20	242	129	1821
665	103	1819	104	1789	90	1643	11	121	13	170	24	266	115	1936
664	139	1958	134	1923	118	1761	131		16	186	33	299	150	2086
663	121	2079	119	2042	111	1872	16	147	23	209	30	329	140	2226
662	132	2211	126	2166	117	1989	10	157	20	229	24	353	143	2369
661	138	2349	130	2296	124	2113	11	168	18	247	29	382	150	2519
660	143	2492	139	2437	127	2240	16	184	18	265	28	410	157	2676
659	172	2664	166	2603	155	2395	16	200	21	286	34	444	188	2864
658	151	2815	141	2744	137	2532	15	215	17	303	34	478	165	3029

我们将该考生的成绩换算为2020年的成绩，得到658分，然后对照2020年各高校在山东省的录取成绩（见表5-2），发现这个分数在2020年刚好处于同济大学和华中科技大学在该省的投档分数线之间。

表 5-2　2020 年双一流大学在山东录取分数线及位次（片段）

学校	投档分	位次
北京大学	687	225
上海交通大学	685	260
清华大学	681	405
中国科学院大学	681	423
复旦大学	679	527
中国科技大学	679	579
北京大学医学院（部）	674	883
中国人民大学	674	911
南京大学	673	942
浙江大学	673	986
北京航空航天大学	671	1114
北京理工大学	665	1874
同济大学	661	2489
华中科技大学	656	3273
武汉大学	656	3396
北京师范大学	656	3399
南开大学	655	3478
哈尔滨工业大学	654	3654
上海财经大学	653	3946
电子科技大学	651	4379
东南大学	651	4424

其实，只要我们换算出了成绩，锁定了最接近我们高考成绩的几所高校，就已经给我们的志愿填报打下了坚实的基础。每一年的高校排名和录取分数都有所波动，很难准确预测。为了既不浪费高考分数，又不至于因完全够不到分数而被退档，我们可以根据换算分设定一个浮动区间。比如，我们的2020年等效分数是658分，那么我们可以用上下浮动20分的方法，在678分与638分之间选取学校和专业类别。从表5-2来看，我们基本从北京大学医学院（部），到后面的东南大学都可以选择，甚至可以往前多冲1分，填报复旦大学和中国科技大学。

有人会说，只参照2020年一年的位次和高校录取成绩，会不会有风险？一般来说并不会。至少对于前段考生，有志于冲击名校的同学来说，名校之间根据录取分的排名，每年是相对稳定的。如果还不放心，可以再参照一下2018—2019年的前段高校的排名和录取分数，看看是不是有某些学校的排名在2020年有不正常的突然提升和下降。如果有这样的情况，可以参照多年的高考录取分，来确定该校整体上的大致排名。

对于中后段的考生而言，风险可能会相对大一些，因为大家可能对中后段的高校并不那么熟悉。每年都会有些高校因为校名产生的歧义被很多人错报，从而导致其录取线偏高或偏低。大家要尽可能填报自己熟悉的学校和专业，不够熟悉又感兴趣的，尽量调查清楚后再去填报。

新高考实行仅有一年，没有更多年的数据做参照，进行换算后参照2020年的录取分是"3+3"模式下考生最靠谱的依据。如果想进一步降低风险，也可以把志愿填报的范围和梯度进一步拉大，向上"冲"的幅度可以再大一些，向下"保"底也保得更彻底一些。比如在换算分的前后25分内填报学校，将学校的梯度拉开到50分的范围。如今的高考志愿都是在已知自身高考成绩的情况下填报的，学校每年的录取分数波动绝不可能超过50分。

可能有人会有疑问，"3+3"模式下所有考生一起进行大排名，难道不需要考虑选科的情况吗？比如我的选科是物理+化学+生物，另一个考生的选科是历史+地理+政治，我们在报考的专业上有没有交集？这样的大排名在高校的具体专业录取上会不会不太准确？

总体来说，我们在用位次换算分数的这一步并不需要考虑具体选科情况。因为在新高考"3+3"模式下，有接近60%的专业不限选考科目，不同的选科组合的考生仍在同一分数平台下进行竞争。具体到各个学校，虽然新的"专业（类）+学校"平行志愿会给学校内各专业带来一定程度的分化，但是不会导致各专业之间出现很大的分差。

要想清楚这个问题，我们只需假设一所名牌高校里的一个冷门专业，这个专业的分数会不会特别低？现实情况下是不会的，如果它在2020年的分数偏低，就一定会有很多考生在2021年的时候选报这个冷门专业，以期能够进入这所名牌大学。在众多考生的博弈之下，这个专业在第二年的分数很可能水涨船高。实际上，它在任何一年的分数线都不会很低。因为大家都很清楚这个基本的道理：在本科阶段，念什么大学往往比读什么专业更重要，尤其是在那些限考比较宽松的文科类专业。名牌高校不会出现绝对的冷门专业。在平行志愿的规则下，不同考生对于一所学校同一专业的竞争是"分高者得"，不再有志愿顺序的限制问题，想在某个专业上"捡漏"进入名牌大学冷门专业几乎是不可能的。

北大和清华这两所中国最好的大学，它们所有的专业招到的学生成绩应该都是数一数二的。并不会因为北大在某个专业上排名在全国第15名，或清华在某个专业上排名全国第16名，北大与清华的这两个专业就招到了比其他专业水平差一大截的学生。或者某个学生本来应该进的是全国排名15～16位的大学，结果他恰好报了北大、清华的弱势专业，结果就进了这两所顶尖大学之一，这是不可能的。因为那些比你学习好的同学，他们完全可以把自己的志愿覆盖到那些冷门专业，录不进热门专业，就录进冷门专业。新规则下，很多省份在普通本科批次有96个志愿可以填报，名校的冷门专业几乎不可能有漏可捡。

所以，在进行高考总分数换算的时候，主要是评估我们能够进入的高校层级，我们能够进入什么档次和多少排位的大学。然后在这几所目标大学的前后，按照"保、稳、冲"的原则各选择几所大学，让自己填报的志愿专业尽可能覆盖到这些大学的不同专业，既有理想的热门专业，也有为进好学校而保底的冷门专业。

对于大部分的考生来说，填报志愿的策略都是"学校优先"，先确保能够进入一个比较好的学校，再考虑专业问题，等于"先上车，再选座"。当然也会有少部分考生对专业有特别要求，比如有的考生就是想读计算机专业，将来做软件工程师；有的考生就是要读医学专业，将来做医生，不管读什么学校都要选择这个专业。对于这类考生来说，他们不仅要看大排名的位次，换算自己的分数，还要进一步去研究具体选科下的位次。比如各个高校的计算机专业，基本上都要求限选物理，而且只要求限选物理。那么，如果非计算机专业不读的话，我们就要去研究自己在选考了物理的全省考生中的位次，这一点在上面所提到的历年一分一段表上都有数据可查。

再比如对想学医的考生来说，大部分医学院的专业都要求选考"物理+化学"，甚至有些医学院的专业直接是必须选考"物理+化学+生物"，选科没有任何灵活性，那么这些考生更需要在特定的选科位次下找到自己的具体位置。在这种"专业优先"的志愿填报思路下，我们需要更具体地了解选科数据，清楚自己在特定选科组合下的排名位次，与哪些高校的录取位次相对应。这样会比只看总分的位次进行分数换算更加准确。

三、"3+1+2"模式下，高考分数如何换算

"3+1+2"模式下填报志愿的第一步也是进行成绩换算，在填报志愿的时候，我们应该已经拿到了自己的高考成绩、2021年的一分一档表，以及2021年各高校在本省的招生计划汇编。但我们并不清楚2021年各高校及各专业的录取成绩，所以，我们需要把当年的成绩转换成过去几年的成绩，与高校往年的录取成绩进行对比。以河北省为例，

在志愿填报之前，我们需要收集以下数据：

· 2018—2020年各高校录取成绩及各具体专业的录取成绩

· 2018—2020年高考成绩一分一档表

· 2021年高考成绩一分一档表

· 2021年各高校招生计划汇编

2020年河北省普通高校招生文、理科考生成绩统计表（一分一档表），如表5-3所示：

表5-3　2020年河北省普通高校招生文、理科考生成绩统计表

分数档次	文科（含优惠分）		理科（含优惠分）	
	人数	累计人数	人数	累计人数
708及以上			32	32
707			2	34
706			6	40
705			4	44
704			11	55
703			8	63
702			14	77
701			11	88
700			20	108
699			28	136
698			14	150
697			20	170

分数档次	文科（含优惠分）		理科（含优惠分）	
	人数	累计人数	人数	累计人数
696			28	198
695			28	226
……			……	……
667及以上	30	30	179	2883
666	3	33	193	3076
665	2	35	182	3258
664	3	38	177	3435
663	6	44	198	3633
662	8	52	188	3821
661	7	59	230	4051
660	6	65	240	4291
……				

前文已经提到"3+3"模式下分数换算的基本假设，即每所高校每年在各省份的招生名额不会有太大变动。各高校是按学生的成绩排名（位次）来录取的，每年在全省某段排名的学生，基本上就会被对应档次的高校录取，这一点是不变的。

假设有一位选择物理组的考生，在2021年的高考分数是561分，通过一分一档表查询到他的位次是13790名。查询2020年的一分一档表，查看相近位次的对应分数，我们发现，在2020年的河北理科考生中，557分的排位是13784，556分的排位是14140。那么我们就可以知道，他的分数在换算成2020年成绩时大约是556分，也就是说该考生在2020

年的对应等效分是556分。

为了消除某年分数的偏离误差，我们可以参考过去三年的数据，用2018年、2019年、2020年的数据来做综合参考，分别去对位相应的学校，这样就会更有把握。继续换算，比如我们获得的等效分是556分，那么在准备填写志愿的时候，就可以在556分上下的20分之内，也就是在536分～576分之间选择目标学校和专业。我们很容易找到各校及其各专业往年的录取成绩做对比，从而初步锁定自己成绩所在分数段的一些高校与专业。

有人可能会质疑：新高考采用了"3+1+2"模式，旧高考的成绩还具有参考价值吗？答案当然是肯定的。因为这套换算是以你的总分排名，也就是位次为基础的，和各科的分数没有太大关系。我们分析了新高考后物理组和历史组选科的考生数据后，发现和以往年份文科和理科的比例大致相同，说明这种分数转化还是比较准确的。

根据河北省的数据，2020年参与高考的理科生有28.6万，占比60.7%；文科生有18.5万，占比39.3%。2021年选物理学科组合的考生占了57.7%，选择历史学科组合的考生占了42.3%。可以说人数构成比例基本没有太大的变化。我们可以利用考生位次来大致判断可以选什么大学、念什么专业，进行分数转化的基础没有变化。

把成绩跨年进行分数转换是第一步，具体如何选择大学和专业，我们再进一步进行分析。自2021年开始，不管是"3+3"模式还是"3+1+2"模式，各省份的志愿填报规则都发生了一些改变。

四、高考填报志愿的批次改革

从2021年开始，所有实施新高考改革的省份，将合并本科录取批次，本科阶段只区分为"本科提前批次"和"本科批次"。同样，在专科批次，也只区分"专科提前批次"和"专科批次"。"强基计划"的招生则被安排在"本科提前批次"以前。因此，填报高校志愿，大概就有如下5个批次：

· "强基计划"批次

· 本科提前批次

· 本科批次

· 专科提前批次

· 专科批次

关于"强基计划"的报考和录取规则，我们将在第七章《新高考下的多元录取方式》中进行详细说明。对于大专批次的报考和录取，我们暂不做特别说明。下面，我们先来解释一下"本科提前批次"与"本科批次"填报的一些规则变化。

（一）本科提前批次

以河北省为例，本科提前批次将分为A、B、C三段进行志愿填报和录取。每段为一个独立小批次，依次进行录取。

本科提前批A段，包括政治考察、面试、体检等特殊要求的国家专项计划、军队、公安、司法等本科专业。实行以学校为单位的顺序志愿模式。设一次集中填报志愿和一次征集志愿，每次可填报1所学校，每所学校设6个专业志愿和1个专业服从调剂选项。

本科提前批B段包括除本科提前批A段以外的其他国家专项计划、公费师范生和免费医学定向生等本科专业。实行以"专业（类）+学校"为单位的平行志愿模式，一个"专业（类）+学校"为一个志愿。设一次集中填报志愿和一次征集志愿，每次最多可填报96个志愿。

本科提前批C段包括高水平运动队、高水平艺术团、高校专项计划、定向就业招生等特殊类型招生本科专业。实行以学校为单位的顺序志愿模式。只设一次集中填报志愿，不进行志愿征集，可填报1所学校，设6个专业志愿和1个专业服从调剂选项。

需要注意的是，一些名校的特殊专业或冷门专业，如北京大学的西班牙语、葡萄牙语、俄语、日语类专业，复旦大学的俄语专业，北京外国语大学的拉脱维亚语、朝鲜语、意大利语专业，北京邮电大学的邮政管理、邮政工程专业，北京航空航天大学的社会科学实验班，北大医学部的护理学专业，等等，会在提前批的A段进行招生。

我们建议考生可以试着填报一下提前批，在我们的估算成绩以上填报一个比本科普通志愿更好的高校，但不要寄予太高的期望。提前批填报的学校要保证比本科普通批次填报的学校更好，这样即使未能如愿，也不耽搁本科普通批次的志愿录取；如果真的被提前批志愿录取了，要保证你愿意去读那所学校和那个专业。提前批志愿最大的风险就是，你被录取了却发现自己并不想去读那个冷门专业；或者提前批学校报得太差，本科正常批次本可以被更好的学校录取，却完全作废。建议考生不要在把握不准的前提下报考提前批。在高考实行"平行志愿"后，每个考生填报志愿的可选范围都得到了极大的扩展，放弃提前批志愿并不会带来什么损失。

各省份在提前批次的划分和录取规则上可能会略有不同，具体可以查阅当年省级教育考试机构的官方文件。

（二）本科批次

根据河北省2021年普通高校招生考试和录取工作实施方案，本科批次进行招录的是未列入本科提前批的所有普通类本科专业、地方专项计划、本科预科班等。实行以"专业（类）+学校"为单位的平行志愿模式，一个"专业（类）+学校"为一个志愿，最多可填报96个志愿。

自2021年开始，所有参加新高考改革的省份一律取消过去的本科批次划分，不再有本科第一批、第二批、第三批录取（也就是我们过去常说的"一本""二本""三本"）的差别。这样做是为了在本科院校之间创造一个公平竞争的政策环境，消除社会上对"三本"学历的歧视现象。当然，本科批次的合并也给考生报考学校加大了难度。

五、"专业（类）+学校"的投档与录取方式

参加新高考的各省份普遍采用"专业（类）+学校"的平行志愿填报方式，那么什么是"专业（类）+学校"的平行志愿？

在解释这一概念之前，我们先来了解一下高校在投档与录取的过程中"顺序志愿"与"平行志愿"的差别。

（一）顺序志愿

"顺序志愿"是传统高考的主流投档录取方式，在参加新高考的各省份中已很少存在，但在提前批录取中仍会使用。比如在河北省的提前批次录取中，本科提前批的A段与C段仍采取传统的以学校为单位的顺序志愿模式。

简单来说，顺序志愿投档的基本规则是志愿优先，从高分到低分投档。这种投档方式的第一步是对所有批次分数线上的考生按其第一志愿进行投档，随后第一志愿学校返回投档结果（录取、退档或分数未达学校提档线未能投出）；第二步，汇总所有未被录取的考生，向他们填报的第二志愿学校进行投档，以此类推，直到志愿录取结束。

这种投档方式规则明确，最大限度地保证了程序公平，但也有很多弊端。首先，它强化了志愿的作用，考生能否被所报志愿录取，不完全取决于考试成绩，还取决于与自己分数大体相当的其他考生的志愿。一旦某年考生的志愿扎堆，学校提档线就会大幅提高，次年又有

可能大幅下降。这使得考生填报志愿，尤其是第一志愿具有一定的偶然性，甚至有一定的博弈成分。在顺序志愿下，考生的志愿选择无疑会变得十分保守。

（二）平行志愿

参加新高考的省份目前普遍采用的是平行志愿投档录取规则，即分数优先，遵循志愿。平行志愿规则下考生填报所有的志愿都会被看作第一志愿。在投档与录取的环节，学校或专业按考生的成绩排名来进行投档，没有批次的差别。平行志愿的本质是为了照顾高分考生，强化分数在志愿上的决定意义，避免高分学生落到较差的学校。表5-4显示了顺序志愿与平行志愿投档规则的简单对比。

表 5-4　顺序志愿与平行志愿投档规则的对比

	顺序志愿	平行志愿
投档原则	志愿优先，兼顾分数	分数优先，遵循志愿
投档流程	首先，对所有批次分数线上的考生按其第一志愿投档，投档后所有的考生第一志愿高校决定是否录取并返回确切的投档结果，第一志愿录取全部结束。 其次，将所有未录取考生重新汇总，再分别投向其第二志愿高校，以此类推直至所有批次志愿录取结束。	对批次分数线上的考生按成绩排名依次进行投档。从考生的角度来说是按其填报的高校志愿顺序，从前到后依次检索，一经出现符合投档条件的高校，即向该校投档，完成该考生投档，然后进行下一名考生的投档。如果经检索未出现符合该考生投档条件的院校，也完成该考生的投档过程。
投档顺序	按志愿顺序：先第一志愿，再第二志愿	按分数优先投档：先高分考生，再低分考生
投档比例	通常120%	通常105%

续表

	顺序志愿	平行志愿
投档次数	多次投档	单次投档
未录取	等待同一批次下一志愿投档	等待征集志愿或下一批次的投档

（三）"专业（类）+学校"平行志愿

以往的志愿填报方式以"学校"为中心，而新的志愿填报方式是以"专业（类）"为中心的，即一个"专业（类）+学校"为一个志愿单位。这种专业志愿可能是某个单一的专业，也可能是性质相似的一组志愿，即"专业类"。比如某考生报考南京大学的"环境科学与工程类"，这个专业类里包括环境工程、环境科学（环境规划与管理方向）、环境科学（环境化学与环境生物方向），这几个专业方向归到一起算一个专业类志愿。那么，我们要报的志愿就是"环境科学与工程类+南京大学"。

"专业（类）+学校"平行志愿仍属于平行志愿模式，投档原则依然是分数优先，遵循志愿，计算机从最高分（位次）的考生开始，依次进行检索和投档。计算机对考生填报的96个志愿依次进行检索，先检索第一个志愿，符合条件就投档，不符合条件立即检索第二个志愿，以此类推。一旦检索到符合条件的志愿并投档，后续志愿立即失效。所以，对考生来说，精心安排志愿次序是非常重要的。一旦志愿次序混乱，录取成绩低的志愿被填在了录取成绩高的志愿前面，被前者录取后后面的志愿将全部失效。平行志愿里的每个志愿在被检索到的时候，都会被当成是第一志愿。同时，每个专业（类）志愿只有一次投档的机会，一旦被投档到其中一个专业（类）志愿，其余专业（类）志愿将全部失效。即使考生被投档的专业退档，也不会再参与后面志愿的投档，而需要在下一次重新填报志愿。

与以学校为志愿单位进行投档的平行志愿不同，专业（类）平行志愿投档时，直接投档到某院校某专业（类），不存在专业服从调剂的问题，考生也不用担心被调剂到自己不喜欢的专业。

（四）高考同分情况下的位次排序规则

在"专业（类）+学校"平行志愿投档中，可能会出现考生高考文化课同分的情况，在这种情况下该如何决定投档与录取的优先次序呢？

在实行"3+1+2"模式的省份，当遇到多名考生高考文化总成绩（含政策性加分）相同时，依次按语文、数学两门成绩之和，语文、数学两门中的单科最高成绩，外语单科成绩，首选科目单科成绩，再选科目单科最高成绩，再选科目单科次高成绩，由高到低进行投档。"3+3"模式下没有首选科目与再选科目的先后顺序差别，其他规则与"3+1+2"模式下的成绩比较顺序相同。

六、填报志愿的技巧

填报志愿填报时无非有两个思路：专业优先进行志愿填报和学校

优先进行志愿填报。

（一）专业优先

新高考的投档录取规则以"专业（类）"为中心，即以某一专业（类）为志愿的基本单位。这是否说明考生在填报志愿时，也应该先考虑专业，再考虑学校呢？答案通常是否定的。

只有少部分考生非常明确自己的专业方向，并用专业优先的思路去填写高考志愿。如果你恰好属于这种情况，那么填报志愿将简单很多，可以直接参照中国大学第四轮学科评估结果，依据专业排名下的大学列表和换算出的成绩填报志愿。

由教育部学位与研究生教育发展中心（以下简称"学位中心"）按照国务院学位委员会和教育部颁布的《学位授予与人才培养学科目录》（以下简称"学科目录"）对全国具有博士或硕士学位授予权的一级学科开展的整体水平评估，是国内最权威的学科评估。学科评估是学位中心以第三方方式开展的非行政性、服务性的评估项目，2002年首次开展，截至2017年已完成了四轮。各大学遵循"自愿申请、免费参评"的原则，评估数据以"公共数据和单位填报相结合"的方式获取，评估结果以"分档"的方式呈现。具体方法是按照"学科整体水平得分"的位次百分位，将前70%的学科分9档公布：前2%（或前2名）为A+，2%～5%为A（不含2%，下同），5%～10%为A-，10%～20%为B+，20%～30%为B，30%～40%为B-，40%～50%为C+，50%～60%为C，60%～70%为C-。考生可以登录"中国学位与研究生教育信息网"查询第四轮学科评估的专业排名。

以物理学科为例，你可以登录网站，在理学分类下找到编号0702物理学专业的排名，前20名的高校排序如表5-5所示。

表5-5 第四轮学科评估物理学专业高校排名

评估结果	学校代码及名称	
A+	10001	北京大学
	10358	中国科学技术大学
A	10003	清华大学
	10246	复旦大学
	10248	上海交通大学
	10284	南京大学
A-	10055	南开大学
	10183	吉林大学
	10335	浙江大学
	10486	武汉大学
	10487	华中科技大学
	10558	中山大学
B+	10027	北京师范大学
	10108	山西大学
	10200	东北师范大学
	10213	哈尔滨工业大学
	10247	同济大学
	10269	华东师范大学
	10384	厦门大学
	10422	山东大学

注：评估结果相同的高校排序不分先后，按学校代码排列。

需要注意的是，各个大学的专业排名不代表他们这一专业录取分数的排名。我们可以通过查询这所高校往年专业录取的最低分数，重新制作出一个最低录取分数从高到低的排名，然后填报出自己的96个志愿。

但是，有明确专业志愿的考生毕竟是少数。大部分考生和家长都在先考虑学校还是先考虑专业这个问题上犹豫不决。考生既想报到好的大学，也想选到好的专业。如果没有明确的专业目标，从专业入手填报志愿恐怕会非常困难。以河北省为例，各个高校在河北省的招生共有3万多个"专业+学校"的组合选项，要从中挑出96个志愿可谓大海捞针。

（二）学校优先

比较现实的填报策略还是从学校入手，在每所学校中选出6~8个你喜爱的专业，然后进行志愿填报。以下以河北省"3+1+2"模式下的志愿填报为例进行说明，该方法同样适用于其他省份以及"3+3"模式。

首先，根据换算分数，参照往年各高校的最低录取分，选择出12~16个目标高校，然后从每所高校中选出6~8个专业来组成最终的96个志愿组合。

第一步，圈定目标院校。

利用一分一档表，将高考得分进行换算。以换算出的得分为基准，上浮20分，下探20分，确定可以选择的院校区间。假设某物理组考生的换算分是658分，那么他的目标就是那些录取分数线在638~678分之间的学校。

参考2020年各高校理科最低录取线及位次表（见表5-6），可以看到最低录取线为678分的是同济大学，最低录取分数线为638分的是东华大学，在两所学校之间有近60所大学。

表5-6　2020年各高校理科最低录取线及位次表（局部）

序号	学校	最低录取分	序号	学校	最低录取分
1	同济大学	678	31	北京外国语大学	651
2	西安交通大学	676	32	南京航空航天大学	650
3	南开大学	673	33	中南大学	650
4	北京师范大学	673	34	湖南大学	650
5	哈尔滨工业大学	672	35	上海大学	650
6	武汉大学	670	36	吉林大学	648
7	天津大学	669	37	北京科技大学	648
8	电子科技大学	667	38	西南财经大学	648
9	东南大学	666	39	华北电力大学	648
10	华中科技大学	666	40	东北大学	646
11	中央财经大学	664	41	山东大学（威海）	646
12	电子科技大学（沙河校区）	664	42	中国传媒大学	646
13	中山大学	663	43	中国海洋大学	645
14	北京邮电大学	663	44	中国农业大学	645
15	华东师范大学	663	45	苏州大学	645
16	厦门大学	662	46	南京理工大学	645
17	上海外国语大学	661	47	中央民族大学	645
18	对外经贸大学	661	48	华东理工大学	645
19	上海财经大学	661	49	北京工业大学	644
20	西北工业大学	660	50	兰州大学	643
21	华南理工大学	660	51	西南交通大学	643
22	四川大学	657	52	华中师范大学	642
23	哈尔滨工业大学（威海）	656	53	南京邮电大学	642
24	中国政法大学	655	54	中南财经政法大学	641
25	西安电子科技大学	655	55	北京化工大学	641
26	北京交通大学	655	56	武汉理工大学	640

续表

序号	学校	最低录取分	序号	学校	最低录取分
27	山东大学	655	57	哈尔滨工程大学	639
28	重庆大学	653	58	河海大学	639
29	大理理工大学	653	59	东华大学	638
30	天津医科大学	652			

在这59所学校中按照一定标准，选择12所目标院校，为了拉开分数梯度，可以在638～648分之间、648～658分之间、658～668分之间，以及668～678分之间各选3所。至于采用什么样的标准，这一点因人而异。比如，以"该校为强理工类名牌大学"且"大学所在地为经济发达城市"为筛选标准，我们依次选出的学校是：同济大学、西安交通大学、天津大学，华中科技大学、北京邮电大学、华南理工大学，北京交通大学、南京航空航天大学、北京科技大学、华东理工大学、南京邮电大学、北京化工大学。

第二步，查询圈定院校的专业分数。

选定12所目标学校后，进入专业选择阶段，先在每个学校选择6个专业，然后对这6个专业分别进行最低录取分数的查询。

以天津大学为例，部分专业类最低录取分数为：建筑学674分，工科试验班（智能与计算类）673分，工科试验班（电气信息类）670分，工科试验班（电子科技类）670分，经济管理试验班669分，医学技术类（新医科试验班）669分。

再以北京邮电大学为例，部分专业类的最低录取分数为：通信工程（大类招生）674分，电子信息类668分，计算机类676分，软件工程671分，工商管理663分，科技与创意设计试验班663分。

第三步，根据自己的喜好和分数进行志愿调整。

依照以上的步骤，在换算分值的20分前后选定12所目标学校，并以10分为一个区间，每个区间选定3所，以形成较好的分数梯度。然后，在每所学校里挑选6个喜爱的专业类别，查询各个学校具体专业的最低录取分数线。那么下一步就很简单了，将这些专业类与学校的组合，按照每个专业类的最低录取分数由高到低进行排序。

我们继续以天津大学和北京邮电大学为例，将目标专业按录取分数高低进行排列，如表5-7所示。

表5-7　天津大学、北京邮电大学各专业最低录取分比较

志愿编号	专业类	学校	最低录取分
1	计算机类	北京邮电大学	676
2	通信工程（大类招生）	北京邮电大学	674
3	建筑学	天津大学	674
4	工科试验班（智能与计算类）	天津大学	673
5	软件工程	北京邮电大学	671
6	工科试验班（电气信息类）	天津大学	670
7	工科试验班（电子科技类）	天津大学	670
8	经济管理试验班	天津大学	669
9	医学技术类（新医科试验班）	天津大学	669
10	电子信息类	北京邮电大学	668
11	工商管理	北京邮电大学	663
12	科技与创意设计试验班	北京邮电大学	663

通过表5-7可以看出，根据录取分数将各专业由高到低进行排列，无疑会打散各个志愿学校。这和我们原来以学校为中心的志愿填报方式有很大区别。用这种方法对各个"专业（类）+学校"由高到低进行排列，这样就完成了对96个志愿的梳理。

新高考模式下的高校是以专业大类为单位进行招生的，考生在报考前应详细了解各个学校的专业大类包括哪些具体专业。比如厦门大学的工商管理大类就包含人力资源管理、工商管理、财务管理3个专业，而武汉大学的工商管理大类则包括工商管理、市场营销、人力资源管理、物流管理、会计学、财务管理、旅游管理7个专业。同样名称的专业大类，在不同学校可能包括不同的专业，这一点需要我们仔细分辨。

七、常见的注意事项

1.退档

考生填报专业（类）平行志愿后有被退档的风险。考生的体检、单科成绩、外语语种、英语口试、综合素质评价等因素不符合高校要求的，都有可能造成退档，这些因素由高校根据招生需要自主设定，并在高校招生章程中公布。一旦考生投档到某个高校的专业，又不符合该高校的招生要求，就会造成退档。因此考生在填报志愿前一定要认真查看高校的招生章程，防止因误报而被退档，从而失去录取的机会。

另外一种情况是，考生虽然填报了96个志愿专业，但是没有根据自身的成绩和位次进行理性评估，所有志愿都普遍偏高，保底志愿没能成功录取。这种情况在平行志愿下比较少见，除非考生的志愿填报态度极不严肃。

2.混淆校名

本科不再分批次后，很多学生和家长容易将一些学校与名牌大学相混淆，比如同济大学浙江学院本是一所独立的"三本"学院，本科批次合并后，其投档分数竟然高达646分！很多考生填报志愿时误以为这所学校是同济大学在浙江的分校，因此将其填在了自己的优先志愿里。

3.填错专业代码

除了混淆学校名称，还有的考生会混淆专业代码。在浙江省高考志愿填报中，温州医科大学3年制专科"眼视光技术"竟招到了4名577分以上的学生，最好成绩高达632分。这几名考生显然将5年制本科"眼视光医学"与大专类学科搞混了，因此进行了错误填报。

第六章

如何挑大学选专业

在前一章，我们谈到了平行志愿的填报规则，更多的是从分数的合理配置角度来谈志愿填报。而具体到选择哪所大学与哪些专业类别，相信家长和考生们还是会有很多困惑。比如，我们的转换分数是658分，那么就要在前后20分的范围内填报志愿，这样我们会发现有近60所大学可供选择，现在我们要在这些大学里挑出自己喜欢的、有发展前景的6~8个专业，该怎么选择呢？

上一章主要谈的还是规则与技术问题，这一章我们就来谈志愿填报的实质内容——如何挑大学、选专业。

一、究竟该按照什么标准选择志愿？

当我们要定义一个学生在高考上的成功，往往有两方面的评价尺度：

第一，可以最大限度地提高成绩和排名。提高成绩要靠孩子的内在努力，家长尽管可以给他提供各种物质和精神支持，但是既不能替他复习功课，也不能替他参加考试，能提供的帮助有限。

第二，最大程度地发挥分数的效力，填报一个相对满意的大学和专业志愿。相信在这方面，家长能够为孩子做得更多。我们并不是说，家长应该替代孩子做决定，但是在信息的搜集和处理方面，孩子因为忙于高考，往往是无暇顾及的，而志愿填报的时候，又来不及了解那么多，家长理应事先帮助孩子做好一些基本功课。

家长们到底能做什么呢？这一章就是梳理这些问题，解决家长们的困惑。

在选大学和挑专业的过程中，理想的情况是：考生知道了自己的成绩，通过跟理想大学录取分数做对比，做出恰当的选择。如果考生的成绩较理想学校的录取分数还高出一截，选择专业的自由度就会比较大，如果此时考生和家长心中有那么两三个长期关注的专业，且对这些专业的发展前景等都比较了解，考生也特别喜欢这几个专业，这种情况下你们可以一起愉快地讨论，最终选定学校和专业。

但现实中，我们往往很难碰到这样的理想情况，免不了要顾此失彼。比如说考生的分数是642分，假设他可以上的大学有北京交通大学、大连理工大学、电子科技大学、西北工业大学和北京科技大学，等等，那怎么在这些大学里选一个合适的专业呢？这时候我们要做选择就复杂多了。比如，可能北京交通大学的分数线略高，他这时会纠结要不要选这个学校，如果选了这个学校，就不一定能被该学校排名第一的专业录取，比如他感兴趣的"车辆工程"。于是他会想，自己的分数比北京科技大学的录取分高出十几分，如果去这个学校，幸运的话也许能进该校的王牌专业，比如"材料学"之类的。这时该如何选择？

如果考生的分数考得更高一些，比如说688分，这时候也依然会有困惑，只不过是更高层面的困惑。比如他原打算去读经济类专业，但发现中国人民大学该专业的录取分数是687分，那么这时候他就会纠结，到底是应该冲一下中国人大呢，还是去踏实地填报后面几所财经类大学的王牌财经类专业呢？

对于上述问题，我们很难给出一个统一的答案，因为每个考生自身特质及其家庭状况都不同，这是选大学和选专业的难点所在。我们所能做的，就是帮助考生构建一套标准的认知系统。当你建立了对大学和专业的完整概念，并且有了强大的信息搜集能力，尽力做到在比较充分了解信息的情况下做决策时，我们相信：你做出的是一次比较理想的志愿选择。

那么，我们究竟该按照什么样的标准来选择志愿呢？

总结起来，主要有以下三种方式：一、按照专业优先来选择；二、按照个人兴趣来选择；三、按照学校优先来选择。

每种选择方式都有其自身道理，下面我们将逐一分析，这些选择标准各有何优缺点，怎么选择才最合理。

二、按照专业优先选择志愿

我们打开任何一个学校招生的专业列表，都可能会有一种眼花缭乱的感觉。不得不承认，对于很多专业，我们别说接触过，可能连听都没有听说过，要在成百上千个专业中做选择，该从何处下手？

在专业的选择上，我们有如下四个建议。

（一）不要望文生义

现在，很多考生和家长在选择专业时，都非常匆忙。在新的平行志愿规则下，各个省份的考生动辄要填报八九十个志愿，这就导致一些考生及家长在不了解专业的情况下，望文生义，胡乱填报。正确的做法应该是：不填报不熟悉的专业；填报的任何专业，都要尽可能通过多种渠道进行多方面的了解。虽然我们要填报的志愿很多，但意向学校专业的填报可以是类似的，并不需要填报很多新奇专业。

上面所说的并非危言耸听，我们可以举出很多专业名字被"望文生义"的例子，其中甚至包括很多我们听起来熟悉的专业。比如"信息与计算科学"专业，很多家长和考生稍不留神，就会觉得这是一个计算机专业，其实准确地说，这是一个数学专业，研究的是一些基础的算法，最后授予的是理学学士学位。不能说这个专业跟计算机没关系，在计算机领域，优化算法是关键性和基础性的内容，但学了这个专业后，能不能做程序员、做编程？那就不一定了。因为这个专业是一个基础学科，而非应用学科，计算机编程也会涉及，但是不一定有足够多的训练。如果考生望文生义，认为此专业就是计算机专业，那今后学习与就业时就难免会产生心理落差。

再比如"心理学"专业，我们在很多文艺作品中都可以看到心理医生的形象，他们既有抚慰人心的力量，又有无所不知的智慧。这导致很多年轻人对这一职业存在过于浪漫的幻想，并因此想要成为心理医生。实际上，心理学是一门严谨的实证科学，需要掌握大量枯燥的理论知识，进行很多烦琐的实验。虽然现在不少大学还是把心理学与哲学、社会学等设在人文学院里，但其实心理学专业毕业后授予的是理学学位，这就足够说明它与传统文科是非常不同的。甚至很多著名大学的心理学专业并不招收文科生。所以，不要被那些"趣味心理学小测试"迷惑了，心理学不但有大量枯燥的理论要学，而且这些理论与现实生活中对人心的推测，还隔得很远。更重要的是，国内的心理咨询体系尚未搭建起来，也就是说产业化程度不够高，因此就业前景并不是很乐观。当然也有很多学心理学的人可以做人力资源，但是这样的话，去学人力资源专业也许是一个更直接的选择。

另外，我们对很多专业也存在过于直线的理解。比如，学了"护理学"就要去做护士，那么能不能去做别的？举个例子，我们可以看到近些年来，中国体育产业出现了跨越式发展，那么在体育行业里做一个运动康复中心的专业护理，是不是有前途？答案是当然！尽管在一些传统的大医院，做一个护士也是很不错的，待遇较好，工作稳定，但是如果要把这种专业技术，嫁接到新的、蓬勃发展的行业上，就可以跟着这个新的行业腾飞。如果你能够成为一个运动护理专家，就可以综合各种运动生理学、营养学的知识，帮助运动员们在赛后迅速放松肌肉，更快解除他们的疲劳，甚至还可以帮助他们制订长期的体能训练和膳食计划，这样一来，个人也会有比较好的职业前景。所以，我们的家长在专业方面也需要新眼光，对社会的新事物持续关注，观念才能及时更新，否则想到"护理学"就只会想到护士，如果考生是男孩，可能就会避开这个专业，结果错过了一个很有前景的专业。

总而言之，选专业不要望文生义，要尽可能地对专业做全面的了解。比如，可以在网络上查询，大概了解这个专业是学习什么的；再向学过这个专业的人打听一下，看看这个专业的课程难不难、都开哪些课、将来的大致就业出路有哪些，等等。知之为知之，不知为不知，不怕不懂，就怕不懂装懂。父母和孩子在探讨专业选择的时候，应遵循一个原则：谁知道的信息更多，谁就更有发言权，因为我们对很多专业的看法其实是僵化的，往往是来自社会上以讹传讹的认知偏见，大家都需要用一种更开放的心态来讨论，一起去搜集最新的资讯，学习、分享和讨论，这样才是决定填报专业时较为可取的方法。

（二）搞清楚专业的分类体系

有很多家长会担心给孩子选错专业，还有一种心态就是过于谨小慎微，生怕出错。像我们前面提到的，很多名字听起来差不多的专业，性质却完全不同；当然也有很多专业，名字差不多，内容也差不多。

比如很多家长会问：我家孩子是应该报这个学校的"机械工程"专业，还是那个学校的"机械工程及自动化"专业？在"机械制造及自动化、机械电子工程、机械设计及理论、工业与制造系统工程"这几个专业里，到底该怎么选？这些专业的录取分数可能只有几分的差距，家长却生怕选错了，孩子会走上完全不同的路。其实，我们当然可以讨论这些专业的细微差别，但总体来说，这些差别并没有那么关键，不用太纠结。尤其是在以专业大类为基本志愿单位的新规则下，在同一个志愿里，对这些细微的专业差别不需要考虑太多。

专业五花八门，我们不可能一下子去了解成百上千个专业，但是专业也是有分类的，通过分类去了解各专业之间的属性和相互关系就是窍门。那么，我们的各专业是如何分类的呢？

1. 区分文科和理科

尽管我们的高考改革打破了传统的文理分科，但文、理二分法仍是我们看待学科和专业的一种惯性思维。在新的"3+1+2"高考模式下，又分为物理组和历史组，这里我们需要注意，如果大学专业偏文，那报考历史组才能录取；如果是偏理工的，那报考物理组才能录取；又或者该专业是一个文理综合的学科，那选历史组或物理组就没有差别。

2. 区分专业所在的大类

普通高校招生专业分为11个大类，分别是哲学、经济学、法学、教育学、文学、历史学、理学、工学、农学、医学、管理学。每个学科大类下设若干个专业。如果两个专业属于同一大类，那么它们的差别就不会很大。

3. 区分专业所在的学院

只有了解并掌握了专业的分类，才能减少对不同专业产生的误解，也能避免陷入毫无头绪的困境中。

我们需要知道，大学的各个学院才是真正安排专业课程设置的主体，同一个学院里的不同专业，彼此之间往往会有很多交叉课程，学习的内容也比较接近。

前面提到的"机械制造及自动化、机械电子工程、机械设计及理论、工业与制造系统工程"这些专业都属于同一所大学的"机械工程与自动化"学院，这些专业的课程在大一、大二时，可能有60%～70%的内容是一样的。除此之外，不同专业的学生，往往也可以交叉选课。不了解专业分类的家长或学生可能会认为，这些专业的差别很大，不同的选择会产生截然不同的就业渠道。然而，事实并非如此。

即使不同的选择产生了差异，但也并不是根本性的差别。这样的真实案例有很多。

例如，有两个学生，一个考上了计算机学院的"计算机科学与技术"专业，另一个因差10分只能进新设立的"网络工程"专业。虽然专业有差别，但大学期间，两人的课程有很多重叠，大一到大二的重叠率为90%，大三到大四的重叠率为70%。他们在同一个学院，上课的老师是一样的；读研究生的保研政策也没有区别；硕士毕业后，两个人的就业机会也差不多。因为用人单位比较关心的是应试者的专业技能；主动学习的能力，即有没有跟进最新的计算机技术；以及编程能力，即有没有实际动手解决问题的能力。而两个专业之间的细微差别，或者高考的分数，这些都不会影响用人单位对两人的评价。

在这里就不得不提一些新设的专业，由于这些专业的认知度不高，反而更容易考进去。那如何抓住这样的机会呢？首先，要了解这个新设专业属于哪个学院，由此可以判断该专业与哪些专业相接近；其次，如果这些相近的专业在就业等方面都没有问题，那这个新设专业大概率也不会太差。相反，如果这个专业是新设的一个学院，或者与这个专业相近的一些专业就业情况都很一般，这种情况下就需要慎重考虑了，很可能是个要避开的坑。

所以，理解专业的脉络、专业之间的分类系统是很重要的一种基本功课。只有打好基础，我们在选择专业的时候才能保持理性，也会有更大的自由度。

（三）大学专业和中学科目的对应

我们还要了解一个重点，那就是大学所开设的一些专业跟高中的哪些学科有对应关系，擅长的科目要重视，不擅长的科目要尽量回避。

有些专业与中学科目之间的关联很明显。比如你的化学成绩不好，那就不要选报"药学"这类的专业了。但有些学科跟中学科目的关联性则非常隐蔽。比如"社会学"，从学科分类上看，社会学是文科类的，经常与哲学等学科同在"人文学院"。因此，很多人认为社会学的学习方式主要依赖背诵。但事实上，社会学强调进行大量社会调查和统计，进行量化的分析，对数学有一定的要求，如果数学恰好是你的短板，那就要谨慎选择了。

因此梳理大学专业与中学科目的关系就显得非常有必要了。

数学，除了数学系、应用数学、统计学外，还与经济学、金融学、会计、国际经济与贸易、信息管理与信息系统、计算机、工商管理学等学科相关联，这些学科都需要大量的数学知识。如果数学不好的话，学习这些专业会非常吃力。

语文和外语，所有的专业都要写论文，都有写作能力的要求。一些前沿领域的研究文献，只有英语好才能看懂。文化类、艺术类的工作，就更加需要语言表达能力。因此，如果你选择了文科类，但不擅长语言的运用，那你只能加强学习或者尽量规避这类学科。

物理，这个科目和数学差不多，几乎是所有理工科的基础。我们可能都听过这样一句话："学好数理化，走遍天下都不怕。"实际上就是在讲这些理科基础学科的专业应用范围非常广。而物理与大学专业的关联最多。几乎有的理工科专业，都需要扎实的物理基础。这一点似乎也不用特别展开说明。

化学比物理稍逊，是化工类、材料学、医药类专业的基础。

生物学是生物技术、生命科学、动物学、植物学、临床医学、农业、食品科学等专业的基础。在此，我特别推荐"葡萄与葡萄酒工程"这类专业，因为随着人们生活水平的提高，中国的富裕阶层已不满足于只喝传统的白酒了，在一些聚会上，红酒会显得更加温和，适合品饮，又不容易喝醉。所以这个新兴的行业和专业值得关注。其中，中国农业大学和西北农林科技大学是两所该专业比较好的学校。另外，需要特别强调的是，随着我们国家的人们越来越关注食品的品质和健康，加上当下的中国又有很多不容忽视的食品安全问题，所以食品安全将会是一个很有前景的专业，未来的社会需求将会很大。几乎所有的食品公司都需要这样的职位，也会有很多第三方的食品检测与评价类的公司，需要大量这类的人才储备。

思想政治也不需要特别强调，以后有志于进入体制内单位工作的考生，这个科目要尤其擅长。

地理科目，则是类似"地理信息系统"这些专业的基础，我们现在有大量的电子地图，如谷歌、百度、高德地图，我们手机里的很多App需要链接位置信息，所以地图类的应用也是很有前景的。

历史科目，很多人会认为比较冷门。但其实历史的思维方式非常重要，几乎是所有文科的基础。不仅如此，我们在大学的一些科目，在学习理论的同时，几乎就是在学习这门科目的学科历史。实际上，掌握了历史的长线分析思维方式，对我们在很多科目的学习上都是有益的。所以，我们在选择大学专业的时候，一定要思考：这门专业的学科基础是什么，这些学科是我们擅长的吗？

（四）透过行业看专业的视角

中学开设的科目只有几门，学科之间的关系并不复杂。因此，大学专业与中学科目之间的关联是比较容易了解的，通过它们之间的关系分析大学专业的难度系数不高。一般情况下，考生和家长比较容易做到。但透过行业的视角来看大学里的专业，就比较有挑战性了。

同时，很多家长也会有这样的困惑：那些现在看起来是社会急需的热门专业，等孩子毕业了，还是如此吗？这些担心也是非常现实的。这就要求我们在分析行业时，把握那些长期的、内在的以及相对稳定的规律，同时需要我们自身对社会发展路径有一定的预见能力。

比如金融行业，我们都知道金融行业直接跟钱打交道，是离钱最近的行业，因此整体薪资比较有优势。正因为如此，金融类专业的竞争非常激烈，招生分数线都较高，对外经贸大学的"金融学"专业，录取分数往往比大学的提档线高18分到20分，也就是说，如果这个学校的录取提档线是670分，考生需要考690分才有比较大的把握被录取。

但仔细调查你就会发现，金融行业的从业人员并非都是金融专业出身。我们以"投资银行"这个行业为例，该行业往往不限制你的专业，但他们只是从最顶尖的学校招最聪明的学生。这也是我们后面会讲到的一个报考思路，一般情况下，选择大学的确比选择专业要重要得多。

从整个金融系统来了解的话，你就会对这一点的认识更加清晰。比如一家公司要上市，需要跟哪些机构合作？其中有作为股票承销商（卖方）的投资银行，也有作为买方的各大投资机构、股权基金、律师事务所以及以"四大"①为代表的会计师事务所。这些关联方都是金融系统非常重要的一部分，你可以从这里找到很多参与金融行业的专业。比如，法律（公司法、证券法等）、会计学、财务类专业等，都是进入金融行业核心的重要途径。

坦白说，一些学校的金融专业反而不如会计专业，不管是课程设置还是实操训练。而且金融学并没有比会计专业更具有竞争优势。因此，如果对金融行业感兴趣，不必执着于金融专业。一般而言，会计

---

① "四大"是指普华永道、毕马威、德勤、安永会计师事务所。

学专业的录取分数比金融学要低。

除金融行业外，互联网就是当下另一热门行业了。互联网行业和金融行业一样，并非是科班出身的才可以从事。当然，有很多学了物理、数学或者其他理工类专业的学生，只是因为大学时对编程感兴趣，又有最基本的数理知识和逻辑训练，就自己开始写代码、玩编程，毕业后也能顺理成章地进入互联网行业。除了程序开发、技术研发外，该行业依旧大量需要各类型的人才，岗位的专业要求也没那么严格，这就是非理工科学生的机会。比如产品经理岗位，该岗位是研究产品设计、用户体验；又比如互联网运营，很多都是文科生，这些工作当然懂技术会更好，但是并不一定需要从计算机专业毕业。站在行业的角度来看，就会知道想要进入互联网行业，大学里的很多专业都可以选择，而并非一定要选计算机专业。网络工程、自动化这类的专业，因为课程内容和计算机专业差不多，一样都会被看成是科班出身，与计算机专业毕业的学生并没有本质上的区别。

当然，如果你在高考中取得了足够高的分数，报什么专业都没风险，那么就去报那些分数要求最高的。因为大概率你会在这个专业中遇到最厉害的一批同学，在大学学习过程中，激烈的竞争也许能激发出最大的个人潜能。但是，如果你的分数没有那么高，要进入一个目标行业，那么可以对与这个行业相关的其他专业有更多的了解，不要随随便便选一个专业，而是要弄清楚一个行业的基本逻辑，清楚这个专业在行业里会发挥什么样的作用，这样选择的专业才够靠谱，才能让你在毕业时不会对未来感到迷茫。

　　由上可知，如果学生和家长能从行业的角度来透视大学专业，那么"选择专业"的思路会更宽阔，而不是纠结在一些毫无意义的问题上。

三、按照个人兴趣选择志愿

　　个人兴趣是一个非常主观的东西，可能是一时兴起，也可能是由于个人的秉性所形成的比较固定的喜爱模式。我们需要仔细地进行分辨，从而确定什么样的兴趣能够作为选择志愿的有力理由。

（一）"不了解"的兴趣，不能作为选志愿的理由

　　举个例子，如果我对一个国家有"好奇心"，但我并没有去旅行过。类似这样的较为肤浅的"好奇心"，不能作为选择专业的理由。

　　很多学生被问到"兴趣爱好"时，经常都会说自己"爱读书""爱旅行"等。如果继续追问：你在读书或者是旅行方面，有没有比别人展示出更多的天分？你是不是比别人读书的范围更广、研究的问题更深？热爱旅行的同学，你有什么样与众不同的旅行体验？是不是比一般人走过更多的地方，或者有独特的旅行方式？很多情况下，我们会发现，说自己爱读书的同学，阅读量并没有很大，他只是觉得自己应该读更多的书而已；说自己爱旅行的同学，也不是因为自己去了很多地方，而是因为自己没有多少机会旅行，所以渴望有更多的旅行经历。

因此，我们可以说，很多人喜欢一件事情，并不是因为有足够的接触和了解，而恰恰是因为接触得不够，这样的兴趣不足以成为选择某个大学或专业志愿的充分理由。这种因为对某件事不够了解而产生的兴趣，我们称之为"表面兴趣"，通常情况下这些都是人们头脑里想象出来的兴趣，跟现实差距很大。

当你认为自己喜欢某个专业时，试着问自己一个问题："我真的做过跟这个专业相关的事情吗？"比如，有些同学说自己喜欢新闻学且将来想做记者，但他并未采访、写作过，也没有为一篇稿子起早贪黑过，更没有为赶稿焦头烂额还乐此不疲的体验，这种情况下很难说他是喜欢新闻采访，他可能只是喜欢新闻记者的某种外在光环。而且并不是你念了新闻专业，取得了学位证书，或者有了记者证，才开始去做新闻采访。科班的训练会打磨你的才华，但是一个人才华的根基要靠自己去播种和浇灌，并不是读了某个大学专业之后自然就有的。

大多数情况下，我们都会有很多发散的兴趣，喜欢的东西并不固定，这是很正常的现象。但只有经过筛选，能长期坚持下来的兴趣，才可以作为选择志愿的理由。我们因不了解而对某件事情产生的兴趣，很可能只是一时的好奇心，这种好奇心得到满足之后，对这件事情的兴趣马上就会被抛到脑后去。

（二）兴趣的本质是"成就感的积累"

真正的、持续性的兴趣是什么样的？本质上其实是一种成就感的积累。我做这件事情，能做到比别人更强，我就从中得到了更大的精神满足，我不断想做这件事，积累更高的成就感，对这件事越来越有兴趣，突破了只是爱好的那个门槛，达到某种准专业级别。

举个例子，有两个都选择在大学里学计算机专业的学生，你会发现他们对待专业的态度是不一样的。当我们对其中一个人说，去开发一个什么样的程序时，他很可能会说："这个开发需要用到的技能还没学到。"这就是一个计算机系的普通学生，毕业后也许能做一个软件工程师，在退休前，由于资历的关系，或者能混成一个部门的经理。但是，一个技术天才会是什么样子的？你可能会发现，他在小学或初中的时候，就开始接触计算机编程了，参加过国际比赛，获得过奖项，他自己可以根据行业动向，去学习各种最新的开发工具，做各种各样有意思的程序。可能他在上学的时候就已经开始接单，做外面公司的外包业务，能自己挣钱了。这样的人，他说自己喜欢计算机专业，喜欢编程是有说服力的。

现在因为计算机专业是一个热门专业，互联网行当是一个不断有财富英雄涌现的风口行业。很多同学读了那些IT英雄的故事，就觉得互联网行业容易赚快钱，认为新创企业三五年就可以上市，认为这个行业可以快速实现个人财富自由，因此大量的人想去学计算机专业，成为下一个马化腾，或者下一个雷军等，其实这些都是很不够的。如果你想学计算机专业，至少把计算机专业的大学教材翻出来，自己学几课——很多人是面对专业的课本后，兴趣就烟消云散了。那不是真的喜欢计算机专业，而是喜欢直接成为财富英雄。

所以，我们说兴趣是一个在志愿选择时可以考虑的因素，在学校和专业差不多的情况下，按兴趣取向判断你要去学什么，这个是很自然的事情。但是，只有极少数在专业能力上证明过自己的人，才能以兴趣为主要依据来选择志愿。当然，如果是这样的学生，在志愿选择上也不会有过多的纠结，而且由于他们拥有出众的自主学习能力，在哪儿都不会做得太差。

四、按照学校优先选择志愿

我们比较认同这样的观点："本科生选学校，研究生选专业。"

其实在大学本科阶段，能学到的专业知识非常有限，而本科教育的最高价值，就是培养学生的通用素质和能力，也就是实行所谓的"博雅教育"或者叫做"通识教育"。只有到研究生阶段，才是培养一个人的专业能力或者说特定学科的研究能力。这点也比较符合中外精英大学的一般理念。

暂且不谈那些形而上的教育理念，举一个很简单的例子来说明一下，那些闻名中外的投资银行，比如高盛、摩根士丹利、德意志银行、美国银行、花旗银行、新加坡淡马锡、荷兰皇家银行以及中银国际、中金公司等，他们只会在清华大学、北京大学、上海交通大学、复旦大学、中国人民大学和浙江大学这几所高校开宣讲会。通过分析投行在其官网发布的招聘信息，你会发现这些公司招聘的基础职位是分析员，而且完全不限专业，金融类专业并没有任何优先权。他们需要的是有基本的逻辑分析能力、对数字比较敏感、有很强的沟通能力及团队精神等的标准人才。从中我们可以看出，高薪行业的雇主（投资行业一般被认为是毕业生起薪最高的行业）更看重你的学历，专业背景反而没那么重要。

所以，对于大多数学生而言，在志愿填报的环节，最为重要的且优先考虑的要素是——读什么大学。

至于如何选择大学，我们建议考虑四个层面：

这所大学处于什么层级，属于哪一梯队。

这所大学有什么学科优势，将来在哪些行业里比较有前途。

这所大学有没有区位优势，它是在发达地区还是偏落后的地区。

最后还要结合个体的情况、个人的优势资源、独特偏好等做一个综合考量。

因此，我们将从以下这几方面来分析填报高考志愿时大学的选择问题。

（一）学校所处的层级与梯队

在选择大学时，大学所属的层级与梯队是最重要的考虑因素。那大学是怎么被划分梯队的呢？

这当然有不同的标准，往年各高校的录取分数线，以及权威的大学排行榜等都可以作为参考。下面是我们做的一份中国大学的梯队划分，可以当作是一种抛砖引玉，供大家进行批判和参考。

1. 第一梯队：C9联盟+中国人民大学

C9联盟包括9所高校，分别为北京大学、清华大学、复旦大学、上海交通大学、南京大学、浙江大学、中国科学技术大学、哈尔滨工业大学、西安交通大学。这9所高校是最早一批的"985工程"学校。当然，现在哈尔滨工业大学和西安交通大学相对偏弱一些，合理的定位应该是在第一梯队和第二梯队之间。中国人民大学虽然没有参加C9联盟，但是也被公认为顶尖名校。

C9联盟源于"985工程"9校的"一流大学建设系列研讨会"。"985工程"是1998年5月开始的一项系统工程，旨在重点支持一批高校优先发展，成为世界知名的大学。"985工程"首批选定了9所大学作为重点支持对象，目标是"创建世界一流大学"；随后，"985工程"又先后增加了30所大学，总数达到39所，后增加的30所定位为"创建世界知名高水平大学"。由此可见这几所学校的特殊地位。虽然现在我们有了"双一流"的评选标准，但其实大学的实力变化不大，只是改变了一些评价方式。C9联盟被国际上称为"中国的常春藤盟校"，是公认的中国顶级大学。

2. 第二梯队：一线城市的"985""211"大学+发达二线城市的头牌院校

一线城市的"985""211"大学包括同济大学、上海财经大学、北京航空航天大学、北京理工大学、北京邮电大学、对外经贸大学、中央财经大学，等等。当然，这些学校有一些最厉害的专业可能是在第一梯队的，甚至这些专业的录取分数不低于清华、北大，只是学校的整体实力要稍逊一筹，处在第二梯队里。

发达二线城市的头牌院校包括厦门大学、中山大学、武汉大学，等等。

第一梯队的学校是具有全国性影响力的，不管在国内什么城市提起这些学校，大家都知道这是名校，也会认为这些名校毕业的学生很厉害。

第二梯队的学校影响力稍微弱一点，有时需要跟别人稍微解释一下，别人才知道这个学校很厉害。这些学校可能是在某些特定的行业或某些地域上特别厉害，但跨领域或者跨地域时，优势就没那么明显。

3. 第三梯队：二线城市的"985""211"大学

第三梯队学校一般是省内名校，但稍逊于第二梯队学校，跨省份的区域辐射力也没有第二梯队学校强。但在行业内也是数一数二的，只是行业相对比较窄，大家的一般认知度比较低。比如苏州大学、湖南大学、中南大学，等等。也包括一些国字头的学校，如中国石油大学、中国地质大学、中国矿业大学，除此之外还有北京林业大学、北京化工大学、华东政法大学，等等。

4. 第四梯队：不发达地区的"211""985"大学

第四梯队大学很多设置在地级市，比如西北农林科技大学、东北林业大学，等等。

5. 第五梯队：不发达地区或者是欠发达地区的一本院校

比如新疆石河子大学、青海大学、延边大学等院校。

在一本院校里，第四、第五梯队的学校是比较靠后的等级，地域性很强，选择这些学校的基本上都是当地的生源，外地的生源较少。一方面，生源来自全国的感觉不是很明显，这点与前面梯队的大学不同；另一方面，外地学生报考这些学校会显得比较另类，同时可能出现一些文化融入的问题。

我们把大学基本分成了这么几个梯队，供大家参考。需要说明的是，很多学校的分类也许会有争议，也许有些学校介于第二到第三梯队之间，有些学校介于第四到第五梯队之间。其实这并没有什么关系，你可以从其他方面，比如学校的地域、专业的设置等方面进行综合考量。

坊间有各种各样的大学排行榜，很多都是用各种学术指标、就业指标等进行的排名，但其实这些排名都有各自的问题。任何指标都不如高考录取分数更具权威性，就像在市场上价格是最重要的衡量商品价值的指标一样，高考录取分数排行是高校最天然的排行榜。

当然，我们既然做了这样的梯队划分，就是希望给考生与家长们树立一种对学校层级的重视意识。比如一名考生考了688分，而中国人民大学的录取最低分是687，那么你是要去中国人民大学做个"凤尾"呢，还是要去一个次一档的学校读个大热门学科，去做"鸡头"呢？当然笔者的个人建议就是：去中国人民大学。因为你将来要从事某个行当的专业工作，不一定要读特定的专业，但是你去了一所好的综合性大学，你在专业之外收获的东西，远远高于你在专业上获取的价值。这种价值就是你能遇到一群真正能力很强、视野开阔的同学；上课时遇到大师讲课，给你高屋建瓴的启发；校内外活动中，都有机会接触到最好的资源，遇见与名人交流的机会、名企实习的机会，以及丰富多彩的游学活动，等等。所以，在考虑大学时，一定首先要考虑大学的梯队与层级，然后再考虑其他问题。

（二）大学的专业优势和行业前景

如果是同一梯队的大学，我们该怎么选呢？

这种情况下，我们可以看一下大学的专业优势和行业前景。因为每个大学都有自己的强项专业，同时在一些特定的行业里资源丰富；而这个学校的另一些专业，或在另一些行业的资源就很一般了。此时当然就要看你自己最想选的专业到底在哪所学校实力更强一些。

（三）地域差别和区位优势

同一梯队之中的大学，除了要看专业和行业前景之外，还要看大学所在的城市是不是够发达，有没有足够的相关产业机会和资源等。

可能很多人会产生这样的疑问：到底是大学的专业优势和行业前景重要，还是地域差别和区位优势更重要呢？这一点并不是绝对的。一般而言，我们会认为理工科的更偏向于专业要强一些，偏商科的更要依赖地域性，这样才有更多的社会实践机会。

（四）个人的相对兴趣与特殊资源

最后，我们还要考虑到家庭所有的资源、学生个人的情况、性格偏好等。

就像某些家庭在一些城市或特定行业里有很多人脉资源，这些当然是很有价值的。但我们倾向认为，对大多数家庭来说，还是应该首先考虑学校能带给孩子的资源价值。如果你的家庭有压倒性的价值资源，比如庞大的家族企业要给孩子继承等——那当然不在我们的一般讨论范围内。那其实更不必在乎孩子读什么学校专业，听从孩子自己的意愿就好了。很多家长会给孩子指定特定的大学、特定的专业去学习，最后导致两代人的关系紧张。其实，如果孩子能够进入某个层次的好大学，在大方向确定的情况下，一些具体的城市选择也罢，专业选择也罢，倒可以多听听孩子自己的看法，让他自己去做决定，为自己负责。毕竟读大学是孩子的事情，家长不可能做孩子的陪读。如果给孩子指定了他自己并不喜欢的志愿，导致孩子产生了逆反心理，大学期间过得浑浑噩噩，那就得不偿失了。所以，这些原则的基本逻辑是清晰的，但最终的决定，其实是一个两代人相互协商与相互妥协的过程。

五、挑大学选专业的其他特别提示

在挑大学和选专业的过程中，我们还有一些特别提示。

（一）某些专业只有上名校才有意义

比如"工商管理"这个专业到底怎么样，其实这主要取决于你的学校。

我们都知道，在美国的顶尖大学里，本科是没有"工商管理"这类专业的，很多人本科选择的是经济学、历史学、哲学、文学、心理学、数学、物理等这类偏基础的学科，毕业后就直接工作了，工作几年后再回到商学院进修，这时候才有"工商管理学"，也就是MBA。美国大学里的商学院是一个专业性质的研究生院，不是本科学院。

在国内，很多排名靠前的大学，有相当一部分学生选择了工商管理专业的本科，比如赫赫有名的北京大学光华管理学院。那光华管理学院的工商管理专业，是不是一个好选择呢？当然是。北京大学有各种各样的资源，光华管理学院里又汇聚着一批相当聪明和勤奋的学生。从大一开始，这些学生就可以接触到各种顶级的商业界的资源，还有各种出国学习与实习的机会，这些资源其实是北京大学带来的。如果是普通大学的工商管理专业，那很可能只有干巴巴的理论知识，毕业后又不可能直接从管理岗位做起。所以会面临很尴尬的就业局面。

更极端的例子是"播音与主持"专业。大家都知道，这个专业是中国传媒大学的王牌，培养了中国非常多的著名主持人。但如果是一个地方院校的播音与主持专业呢？可能很多家长会想，现如今互联网这么发达，网络主播这类工作有大量的缺口，那普通学校的播音与主持专业也一定很有前景。其实不是这样的。

从工作特点上来看，网络主播不需要字正腔圆，播音腔反而可能是一个劣势。其实，传统电视台中那种正规的主播类职位也非常少，中国传媒大学培养的这类人才已经完全满足了社会需求，其他学校都属于学科的盲目重复建设。而且新一代的主持人更多是从其他岗位转过来的，比如记者、策划等。主持人和新闻主播是不一样的职业分类，主持人更强调专业认知深度，标准的职业路径是从做记者开始，而新闻主播更多是像传声筒一样的播报角色。

（二）不要对校名进行联想

本书前面提到了不要对专业"望文生义"，对学校的校名也是如此。不能因为觉得北京理工大学不错，就认为其他城市的理工大学，也是该城市的"牛"校。不能因为对外经贸大学不错，就觉得在金融界、财经界，凡是名字带"经贸大学"的学校都非常厉害。这属于典型的"校名联想"，大部分情况下都不靠谱。

面对任何一所学校，最好的做法还是去查学校的录取分数排名，这样大概就可以知道这所学校在哪个档次，还有就是多搜索查找一下这所学校的相关信息，比如是否有改名的历史，如果有的话，它原来的名字是什么，历史沿革情况是什么样的。这样才会对一所学校有更清醒的认知。

（三）对于合并的大学更要警惕

众所周知，中国大学经历过一个特殊时期，很多学校都进行了扩招与合并，几乎没有不受影响的。即便是北京大学，也合并了北医大，至今北京大学医学部与北京大学本部的录取分数都不同。因此，对于其他的大学，更要注意其所受到的影响。

了解一所学校合并的历史，你大概就能知道哪个专业是这所学校的强势专业，哪个是被合并进来的强势专业。第一种情况下的专业才更值得选择，社会认可度也更高。而第二种情况下的专业，认可度会稍差一些。

（四）一本之外的学校如何选择

一本之外的本科院校，教学质量可能不会差很多。如果要选择的话，我们的建议就是：尽量优先选择城市。

因为大城市有资源优势，又相对公平，还有更多的实习和就业机会。如果年轻人能够在大城市充分竞争的市场环境中，尽早找到自己感兴趣的行业，投入进去，形成自己的核心竞争力，往往是更现实和靠谱的选择。这就是尽管觉得压力大、交通堵、空气不好，年轻人还是不断地涌入大城市的核心理由。去大城市，对年轻人来说永远是对的，不去大城市才需要特殊的理由。尤其是随着中国近几年快速的城市化发展，除北上广深之外，又涌现出了很多非常有潜力的新一线城市，比如武汉、成都、西安，这些都是年轻人未来非常好的发展选择。

但有些家长比较看好某些垄断性行业，因此让孩子去读××电力大学或者××石油大学。事实上，这些行业对应的一般是国有企业，行业的开放度不足，对于缺少社会资源的家庭，就业环境并不友好。

（五）挑大学选专业的核心是什么

最后强调一遍，挑大学选专业的核心是什么？

核心就是两个字：资源。

不论是大学的梯队差别，专业与行业的差别，地域差别，或者细微到家庭资源和个人资源的差别，我们填报志愿，就是尽量在靠近更多、更有利的资源，是一种资源重组和资源调配的方式，目的就是实现"教育资源最大化"，用最大的教育资源来撬动个人的成长与发展，也希望其将来能在社会上有更大的作为。考大学是一场资源争夺战。用"资源价值"去衡量我们的大学、专业和地域，会让我们的志愿选择变得更加明朗。

填报志愿就像挑选房产。为什么现在北京的房价这么贵？因为北京所集中的资源是无可比拟的。挑选房产，最重要的是位置，而位置的本质是资源，是公共资源的聚和散。所以，房价不是取决于这个房子的材料、装修好坏等，这些因素只会在一定程度上影响房价。房价主要取决于房子背后占有了哪些无形的资源，比如是不是学区房，是不是在商业区有旺盛的租赁市场，是不是垄断了绝佳的公共设施或风景视野，等等。

为什么同样一个位置，几十年间房价也会有起伏呢？这就像那些依赖能源储备型的城市，煤挖完了，石油开采完了，很多房价也跌下去了。其背后的实质，还是资源的聚和散。

（六）考虑孩子的个性特征

有些孩子偏内向，有些孩子偏外向；有些孩子适合去远方闯一闯，有些孩子适合待在有安全感的环境里。因此，在不涉及资源巨大差值的时候，也不妨留给孩子更多自主选择的空间，按孩子自身的意愿度过关键的四年。

每个孩子的情况各异，每个家庭也有各自不同的条件，所以我们其实只能在挑大学和选专业上提出我们的原则，具体到每一个考生，还是要自行做出谨慎的评估，或寻求专业人士的一对一帮助。

最后，回顾一下我们考量志愿选择的核心观点：

· 大学之间有层级差异的，选择高层级的大学为先。

· 同样层级的大学，选择在发达大城市或其优势专业为先。

· 大学和城市差不多的，再看家庭资源和孩子个性来决策。

第七章

新高考政策下的多元录取机制

高考改革的最新政策，取消了原来各高校的自主招生方案，现在除了统一高考情况下完全凭裸分考进大学外，其他录取机制包括强基计划和综合评价录取。本章我们将重点解析强基计划的录取政策，兼顾综合评价招生。

一、强基计划

2020年1月，教育部印发了《关于在部分高校开展基础学科招生改革试点工作的意见》（以下简称《意见》），开始推动新一轮基础学科招生改革试点，这一系列改革方案被简称为强基计划，主要是为了选拔培养有志于服务国家重大战略需求且综合素质优秀或基础学科拔尖的学生。

强基计划既为综合能力突出的学生设计了选拔机制，也给极少数竞赛尖子生留出了进入通道，我们可以将这一政策理解为原来高校自主招生的升级版本。

强基计划的许多制度设计，在此前率先进行新高考改革探索的上海、浙江等省份都不难看到相似的制度安排。我们可以说，强基计划既吸收了此前改革的宝贵经验，也提出了诸多合理性创新。

（一）强基计划的具体内容

我们参照教育部《意见》的第二条可知：

（1）强基计划主要选拔培养有志于服务国家重大战略需求且综合素质优秀或基础学科拔尖的学生。

（2）聚焦高端芯片与软件、智能科技、新材料、先进制造和国家安全等关键领域以及国家人才紧缺的人文社会科学领域，由有关高校结合自身办学特色，合理安排招生专业。

（3）要突出基础学科的支撑引领作用，重点在数学、物理、化学、生物及历史、哲学、古文字学等相关专业招生。

（4）建立学科专业的动态调整机制，根据新形势要求和招生情况，适时调整强基计划招生专业。

可以看出，与此前的一些高校招生办法相比，强基计划更加强调设立目的是"服务国家重大战略需求"，体现为一种国家意志，而不是为了满足高校各自对人才的特定需求，这是跟原来的高校自主招生模式的一个关键区别。

（二）强基计划的选拔要求

强基计划的选拔要求是：考生要么综合素质优秀，要么基础学科拔尖。

我们可以看到，在新的素质教育方针下，虽然我们的多元化录取政策不断经历迭代，从开始的各高校自主招生联盟，到综合评价与自主招生并立，再到如今的强基计划，各种政策调整的背后，核心的教育指针并未发生根本变化。对于优秀的考生而言，不论是走竞赛之路，还是走综合素质提升之路，都有开阔的前景。

由此看出，在中学教育阶段，鼓吹"不搞竞赛没有出路"，或者是"完全回归裸分"这两种极端声音都是有失偏颇的。对学生来说，取得好成绩仍是根本，在此基础上应该发展自身的综合素质，在个别学科上有所专长。当然，这是非常理想的情况，每个学生的具体情况不同，可以有所偏重：是提高高考成绩，还是发展自身突出的综合素质，或是将学科专长发挥到极致，要根据学生的实际情况而定。

（三）强基计划的专业设置

教育部的《意见》规定：强基计划招生专业，授权由高校结合自身办学特色合理安排。但是教育部给各高校的授权仍有一定限制，即突出基础学科的支撑与引领作用。因此，招生的专业重点包括数学、物理、化学、生物及历史、哲学、古文字学等相关专业。

这些基础学科的发展将会促进电子、信息、材料、机械、能源、计算机等相关专业的发展，进而服务于高端芯片与软件、智能科技、新材料、先进制造和国家安全等关键领域。

因此，强基计划的招生专业由各高校按照"一校一策"原则自主确定，以数学、物理、化学、生物、古文字学、历史、哲学等基础学科为主，从目前各学校发布的招生简章来看，所给出的招生专业也都是围绕着基础学科来展开的，但是很多学校也给出了与工科类专业交叉培养的方案。

（四）招生学校及招生规模

教育部在《意见》第三条中明确了36所开展"强基计划"招生的"一流大学"建设高校，同时也明确了招生计划要分省份设置，分省份招生。

强基计划首批试点36所高校包括：

北京大学、中国人民大学、清华大学大学、北京航空航天大学、北京理工大学、中国农业大学、北京师范大学、中央民族大学、南开大学、天津大学、大连理工大学、吉林大学、哈尔滨工业大学、复旦大学、同济大学、上海交通大学、华东师范大学、南京大学、东南大学、浙江大学、中国科学技术大学、厦门大学、山东大学、中国海洋大学、武汉大学、华中科技大学、中南大学、中山大学、华南理工大学、四川大学、重庆大学、电子科技大学、西安交通大学、西北工业大学、兰州大学、国防科技大学。

最初以上各高校实行全国统一招生的自主招生政策，而强基计划明确了招生计划要分省份设置，分省份招生，可以说是缩小了各省份考生的竞争压力，尤其对教育相对落后的省份是一种明确的保护。

（五）招生的具体办法

教育部为强基计划规定了选拔标准：

（1）各高校依据考生的高考成绩，按在各省（区、市）强基计划招生名额的一定倍数确定参加高校考核的考生名单。

（2）考生参加统一高考和高校考核后，高校将考生高考成绩、高校综合考核结果及综合素质评价情况等按比例合成考生综合成绩（其中高考成绩所占比例不得低于85%），再根据考生填报志愿，按综合成绩由高到低顺序录取。

（3）对于极少数在相关学科领域具有突出才能和表现的考生，有关高校可制定破格入围高校考核的条件和破格录取的办法、标准，并提前向社会公布。

强基计划的招生录取办法与此前各高校采用的自主招生办法以及仍沿用旧高考政策的省份的综合评价方式都会有所不同。强基计划不再设定降分录取，而是采用更接近上海、浙江等地综合评价招生方法的计分规则，"高考成绩+高校综合考核结果"各占一定比例，再合成一个新总分，依照排名录取。

上海、浙江的综合评价招生方案是将高考的750分按比例折算为85分，高校的综合考核，包括笔试和面试的成绩折算成15分。也就是采用百分制录取，高考成绩占比85%，校测成绩占比15%。

尽管高考在不断变革，考试的内容和形式也在与时俱进，但高分段区分度不足的问题始终存在。很多业内人士感慨，历年高考考试难度在不断提升，可是为什么高分段的考生反而越来越多了呢？据河北省的统计，2019年考进690分的理科考生就有103人，导致当年的清华大学、北京大学录取线提高到了令人咋舌的692分、696分。继续增加考试难度也不是解决问题的办法，毕竟不能为了局部问题，给所有人不断"加药"。高考的核心困局之一就是——如何在兼顾公平的情况下，有效鉴别出更具潜质、个性和创造力的拔尖人才。不论是高校自主招生，还是强基计划，以及综合素质评价录取，其实都是解决这一问题的方向。

强基计划的综合计分方式，就是有效解决高考在高分段区分度不足这一问题的方案之一。强基计划以入围分数线确保了学生的学业水平，解决了考生入围的公平问题；然后再以更具有区分度的校测来优中择优。如同几年前的北大博雅、清华领军计划，也是通过难度"高于高考、低于竞赛"的笔试以及面试方式来选取拔尖人才。

强基计划的入围人数，一般是最终录取名额的倍数。根据各大高校发布的强基计划招生简章汇总，2020年强基计划各高校给出的入围人数都在最终录取人数的3倍到5倍。由于2020年是强基计划发布第一年，所以入围比例被认为是相对收紧的，在未来有进一步放开的可能性。目前，2021年各个学校的强基计划给出的入围名额已经在最终录取名额的4倍到6倍之间，比2020年在名额上已经有一定程度上的放开，因此我认为在未来还是有进一步扩大的可能性。

此外，由于入围名额是录取名额的数倍，因此入围分数线也会比该高校统招的分数低10～15分左右。

教育部文件明确规定了强基计划的招生程序，我们制作了一张简图（图7-1）来说明强基计划的选拔流程。

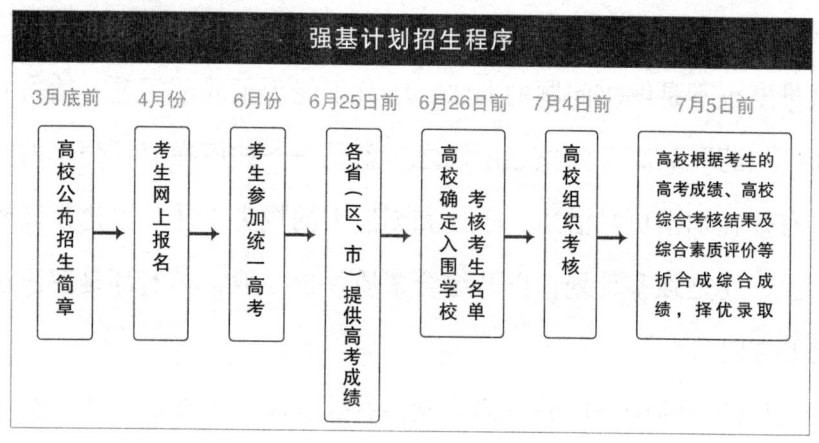

图7-1 强基计划招生程序

在流程上,强基计划与原来各高校的自主招生与综合评价录取最大的不同在于,所有学生仍然必须参加高考,高考出分后再根据高考成绩确定入围名单,这样就可以有效避免人为干预造成的招生腐败。入围的考生才可以参加由高校组织的进一步考核。考生在3~4月份根据各高校的招生简章,来选择参加意向高校的强基计划,通过网上系统报名,而后仍是全力准备高考,只有高考分超过了入围分数线,才能参加高校组织的笔试、面试考核。最终再按照综合分,即高考成绩(占比不低于85%)和高校综合考核的成绩,来确定是否会被录取。

(六)强基计划疑难解答

1. 不走强基计划,是否就无缘好大学?

答案是否定的。

我们分析了2020年各高校强基计划的招生方案,发现大部分首批参与高校的招生人数为100~200人,虽然未来几年,招生人数有进一步放开的可能,但是强基计划包含的专业有限,可见未来都不会成为名校的主流录取途径。

　　未来，进入名校最重要的方式，仍是通过高考以总分过线被录取。强基计划目前主要针对的是基础学科，一定程度上甚至可以说是冷门学科，包括数学、物理、化学、生物、哲学、历史、中文（主要是古文字学方向），对于确实喜欢研究这些基础学科的学生，或者高考分数很难考上目标高校的学生更合适，也更具有吸引力。对于那些可以高考裸分上线，有机会冲刺更热门学科的学生来说，由于强基计划的录取在先，而且限定报一所学校，他们反而会有些顾虑，会觉得这是一种束缚和限制。

　　2. 强基计划可报几所学校？

　　虽然教育部官方文件中并未明确规定，但从各校的招生简章来看，基本都具有排他性。也就是说，考生只能报名参加一所高校的强基计划。而且预计未来几年都不会放开限制。

　　3. 强基计划是在哪个批次录取？

　　教育部官方文件明文规定，强基计划会在每年7月5日前确定录取的考生名单，被录取考生不再参加后续高考志愿录取。这个时间节点在各省份的一般志愿填报之前，因此可以认为是在本科提前批次之前的一个单独批次。也就是说，如果你未能被强基计划录取，并不影响你后续志愿的填报与录取。相反，如果你高考分数非常高，但你在高考之前报名了某高校的强基计划，这种情况下是可以放弃强基计划的，只要不去参加该校的校测，就不会影响到后面正常的志愿填报。

4. 对竞赛生有哪些特别规定？

（1）对于极少数在相关学科领域具有突出才能和表现的考生，高校可制定破格入围高校考核的条件和破格录取的办法、标准，并提前向社会公布。

（2）对于符合高校破格入围条件的考生，在参加统一高考后，由高校组织相关学科领域专家对考生进行严格考核，达到录取标准的，经高校招生工作领导小组审定，报生源地省级高校招生委员会核准后予以破格录取。考生高考成绩原则上不得低于各省（区、市）本科一批录取最低控制分数线（合并录取批次省份应单独划定相应分数线）。

从目前来看，所有高校对竞赛生的成绩都有明确要求，一般是要在全国决赛中获得一等奖（金牌）或二等奖（银牌）才能破格入围强基计划。这部分破格入围的学生并不占用强基计划名额。

这一政策出台后，可以说通过竞赛被高校录取的风险进一步加大，意味着竞赛生必须获得国家竞赛的二等奖（银牌）以上才有资格，哪怕是进了省队都不会再得到高考层面上的优惠待遇。

那么这些够破格入围的竞赛生，在校测层面上会不会有优惠待遇呢？基本上获得金牌的竞赛生，在校测上会按满分来计算，获银牌的竞赛生，也会获得高校的相应承诺。

我们可据此认为，未来2～3年竞赛生录取的政策优惠基本会固定下来：必须是全国决赛的金牌、银牌获得者，他们在校测层面会有成绩倾斜，但是在高考的分数上，或者是综合素质的评价上，还是要跟其他高考生一起去竞争最后折算的总分。总体来看，竞赛仍是"极少数"有天赋、有特长的学生的特殊通道，因此在高中学业的规划上，要趁早有更明确的想法和判断：一定要尽早准备竞赛，取得成绩固然好，如果未能在竞赛上显露天赋，也要果断放弃。

5. 参加高校营的学生怎么办？

清华大学文科营、工科营、寒假课堂，北京大学新春学堂、暑期学堂等，这些面向综合成绩或竞赛成绩突出学生（一般至少是获得省级竞赛的一等奖）的高校营，无疑是高校对于一部分拔尖学生的预选赛。现在根据各校的最新消息，通过高校营内笔试或专业考核的学生，在高校的校测中会获得免笔试或在校测的面试认定上给予更高的分数，更为详细的规定，请参照该校当年的强基计划招生简章。

6. 强基计划的学生后续如何培养？

强基计划是国家战略——培养和吸引优秀学生选择基础学科志愿，为国家培养大量的科研储备人才。所以各高校在强基计划上都会拿出有诚意的培养方案和资源倾斜。例如单独进行班级的编制，建立"强基班"，进入"强基班"的学生能够享受到本科生科研、海外暑期科研、海外交换、保研资格等各种资源，这对于有志于从事基础学科研究的同学还是有很大吸引力的。同时也需要注意，通过强基计划录取的学生在入学后原则上不得转专业，如果不是热爱基础学科研究的同学务必要十分谨慎选择。

（七）各高校强基计划概述

1. 招生数量

各高校的强基计划招生基本在200人左右，略有不同的是清华大学和北京大学，根据2020年的录取结果看，其各自录取人数为800~1000人。所以，我们可以得出以下基本结论：

（1）参与强基计划对进入清华大学和北京大学，是比进入其他名校更需倚重的路径。

（2）为进入清北以外的各所名校，强基计划发挥的效力有限。

（3）裸分进入仍然是名校录取的主要渠道，对绝大部分考生来说，还是要踏踏实实提高高考分数。

2. 招生对象

各校强基计划招生主要分两类：第一类是高考入围，也就是综合生；第二类是破格入围，也就是竞赛生。

从各校目前采取的政策来看，除了南京大学以外，竞赛生破格入围是不占用强基计划的录取人数名额的。需要注意的是，竞赛生获得的是破格入围，而不是破格录取。在校测上会有优惠或者是认定笔试满分的照顾，但综合分数还是要跟其他入围考生竞争。一般高校的入围考生大都是招生计划的3~5倍，因此入围后的竞争仍然很激烈。尤其对于竞赛生来说，风险变得更大，必须是国家竞赛的金牌及银牌得主，才有破格入围的资格。

有些人认为竞赛生在强基计划校测中有绝对优势，这有一定道理，但实际上竞赛生本身进到入围环节的门槛就很高了，如果是竞赛成绩在银牌以上，自然校测有绝对优势。但是没有达到破格入围条件的竞赛生，本身要通过高考成绩入围，各校的强基计划入围成绩跟高考裸分考上该校的成绩一般也只有10分左右的差距，这说明入围本身已经是非常高的门槛了。

根据以往的经验，即便是清华大学、北京大学的校测，也不可能达到学科竞赛的难度，而能够入围强基计划的已经是各省份的尖子生，竞赛生进入校测，并不能说有绝对实力碾压其他考生（竞赛生还很可能会偏科）。所以，从另一个角度来看，走竞赛的途径来争取破格入围，这条路的性价比显然是更低了。要么是有绝对实力的同学，仍然可以走竞赛路径，其他的同学要及早规划，不能因为自己偏科，就去赌竞赛破格录取这条捷径。

3. 分数构成

绝大多数高校都规定，综合分数由高考成绩和校测成绩两部分构成，高考成绩占85%，校测成绩占15%。那么可以把校测的分数折算成1分对应高考约8.8分，这样我们就可以分析不同类型学生的录取形势。

（1）高考裸分入围。

对于清北以外的高校，由于强基计划招生人数较少，分配到各省份以后，往往都是个位数。导致即便按照招生计划人数的3~4倍圈定入围，入围分数线也不会比裸分线低太多。也就是说要进入这些高校，强基计划的录取名额比较少，裸分考进去还是绝对主流。

对于清华大学、北京大学来说，由于强基招生计划人数较多，入围线可能会比裸分线低10～15分左右。但即便如此，按高考分数占综合分85%计算，参加校测的学生之间综合分（按满分100分计）分差可能也只有5分左右，由于入围线和裸分线差距并不大，这意味着占15%的校测（笔试、面试和初评）就会显得尤其重要。

（2）竞赛破格入围。

对于可凭金银牌破格入围的竞赛生来说，综合分（高考成绩占85%+校测成绩占15%）只要达到非破格入围学生录取的综合分最低分即可录取。

对于非破格入围的学生来说，由于高考分数较难拉开差距，因此，假设非破格入围录取的学生中，综合分数最低的学生校测拿到了50%～60%的分数（计7.5～9分），而破格入围的学生最高可享受校测计满分的优惠（计15分）。那么破格入围的学生，相当于获得了大约50分的优惠。

4. 清华北大强基计划分析

（1）竞赛生。

对于竞赛生来说，获得金牌的前景非常明确，银牌还不够明确。目前获得金牌基本上就意味着校测满分，但是获得银牌还是要通过各种高校营的测试来决定是否能给满分。按照过往的经验，清华大学、北京大学开办针对竞赛生的各种学科营，就是为了再确定一下获得银牌的同学里谁更有实力。所以，对竞赛生来说，要进一步明确搞竞赛就是为了进清北，如果你现在正处于高一、高二年级或者更低的年级，就要提前进行规划，及早确认自己在竞赛中的潜力，预估自己到底能在竞赛中走多远。

（2）高考生。

对于综合生来说，清华北大的强基计划存在初审评级的环节，高中阶段历次大考的综合排名对综合评价分有影响，同时为准备综评考试，还要拓展各个科目的学习内容。

从2020年开始，清华北大的校测也发生了一些变化。清华大学的考试科目没有变，同往年一样是数理化语数史；北京大学有较大变化，理科校测由从以前的语数外物化变成了数理化，文科则变成了语文、政治和历史。因此将来有意愿报考清北强基计划的考生，需要提前规划，提前准备。同时可以看出，对偏理科生来说，核心是数学和物理的能力，这些科目从高一就应该开始准备，甚至在高一结束时就要学完数学、物理课程的主干内容。

高二年级由于年级排名已经有作用了，所以一方面要在寒暑假对校测内容进行一定的拓展学习，增加学习的深度，另一方面要注重对于数学、物理的综合章节进行拓展学习，比如数学的解析几何、导数和物理的力电综合题等。

高三阶段，高考是主流，要把握课内成绩，专注准备高考。

低年级同学要提早考虑清楚，要么及早结束综评内容学习，要么高考后再突击学习。

（3）低年级学生的规划。

·竞赛生。

竞赛要分流，要及早判断自己是否具有竞赛能力。竞赛生能够破格入围，基本目标是清华、北大、复旦、浙大、上海交大这些学校，如果觉得自身的实力，或者目标院校不在此范围内，基本不需要挑战竞赛这条高难路径，可以稳扎稳打地准备高考。

对于顶尖竞赛生来说，在高一取得省一等奖、高二进入省队已越来越普遍。相对应的，初中、高中的学习内容也需要尽早进行合理规划。

在高二9月份高联/复赛/国初之后，学生需要判断自己是否有进入省队、取得银牌的把握。此时是决定继续冲击竞赛，还是急流勇退、回归高考的最好时机。即便回归高考，也还有接近两年的时间进行学习和准备，不至于陷入被动。

· 高考生。

对于顶尖综合生来说，规划是按部就班的。

除了在初中、初升高暑假巩固初、高中知识外，需要在进入高中后尽快确立自己在高中语文、数学、英语、物理等科目上的绝对优势，形成壁垒，稳定自己的年级排名。

在基本学完高中数学、物理主干内容，在高一暑期或高二寒假进行强基计划校测内容学习和准备。换言之，在学期中稳定年级排名，寒暑假准备强基计划校测（核心时间是高二的寒暑假），而高三则应完全专注于高考。

对于绝大多数学生来说，高考仍然是主流，没有其他的录取捷径。

二、综合评价

综合评价招生是高考改革逐步推进后兴起的新型招生模式，是基于考生高考成绩、高校综合测试成绩和高中学业水平测试成绩，按照一定比例计算折成考生综合总分，最后按照综合总分择优录取。

举个例子，部分高校实行的成绩折算方式是631模式，也就是说高考成绩占60%，高校综合测评成绩占30%，高中学业水平测试成绩占10%，最后合成一个总成绩，依照排名进行择优录取。

综合评价招生是对现行统一招生录取的一种重要补充，更关注高校自身培养特色和考生的全面素质发展。目前主要实施区域为上海、浙江、江苏、山东、广东等少部分省份。

目前来说，综合评价招生并不是全国范围内普遍的招生方式，更多是高校在不同省份开展的一种招生手段。所以如果某高校在考生所在省份有综合评价招生计划，那么考生就可以选择报考，如果没有则不能报考。这一点需要考生和家长密切关注各高校招生简章里提供的最新信息。

随着综合评价招生实施区域的扩大，会有越来越多的考生和家长关注到综合评价招生，但是由于综合评价招生的各项成本过高，这种招生方式无法成为一种非常普遍的高校招生方式。而对于一些有志进入新型大学及中外合办大学的考生而言，综合评价招生则是他们需要特别关注的录取方式，这些学校包括南方科技大学、上海纽约大学、昆山杜克大学、深圳北理莫斯科大学、香港中文大学（深圳），等等。

还需特别说明的是，2020年国家推出强基计划后，清华大学的领军计划和北京大学的博雅计划就取消招生，目前两所顶尖高校尚没有综合评价招生计划推出。

三、强基计划与综合评价的关系

首先，强基计划和综合评价录取是并行的招生计划。如果一所大学在你所在省份兼有强基计划和综合评价录取，那么可以同时报名。强基计划和综合评价录取在报名时是使用不同的系统，并不会产生冲突。两者最大的不同是：综合评价计划招生是没有限报数量的，可以选择多所高校一起报名。强基计划招生人数是有限制的，而且只能填报一所高校。

其次，两种录取方式的学校测试时间也不冲突。综合评价一般是在高考结束后出分前进行校测，强基计划是高考出分后根据分数决定是否入围并进行校测。

最后，进行录取时，强基计划是最先进行录取的，综合评价的录取是在强基计划之后。各批次录取都是按照顺序依次进行，考生在哪一环节被录取了，后面的录取程序就不再进行，如果没有被录取，就继续下一阶段的录取。因此，不论是强基计划，还是综合评价录取，对于考生来说都是非常好的机会，在裸分统考之外，增加了一条录取途径，各位考生应合理分析自身条件，提前进行认真规划，为自己的名校之旅尽量多铺设一些路径。

第八章

新高考下的学业规划

一、新高考下名校之路的分流

很多考生和家长会问，在新高考政策之下考取名校是否更难了？

这个问题的回答是很难一概而论。应该说无论新高考前，还是新高考后，高校总体上招生名额并无大幅变化。只能说对于不同特点的考生，所面临的处境会有些不同——对有些考生来说会变得更加困难，对另一些考生来说则是进入名校的机会大幅增加。

不论是"3+3"选科方式，还是后来的"3+1+2"选科模式；不论是各高校原本采用的各种自主招生模式，还是2020年最新发布的强基计划，如果我们将目光聚拢当下，会发现这些新的探索试图构建的是新高考的多元化选拔机制，是对不同学业水平、不同背景与优势特点的考生进行考试形态的分流。

新高考改革，除了打破传统的文理分科，最大特点就是采用了等级赋分制。采用等级赋分制的核心是达到拉开名次差距的目的。而高考的核心困境是：如何在兼顾公平的情况下，将最具有创造力的一批学生甄选出来。实际上采用等级赋分制后，仍未能充分解决这一问题。所以，我们一方面要顾及公平，使所有学生在高考统考下获得入围资格，另一方面又要以更高标准的校测，对这些"头部"学生进行再一轮的筛选和区分。这样才有了类似强基计划这种新录取方式的推出。

可以说高考制度改革的核心方向之一，就是以多元化录取方式对考生进行分流，通过多层次的选拔方式让不同程度的学生都能找到适合自身特点的大学与专业。所以，新高考给考生和家长带来的一道难题就是——需要我们去自我识别，通过定义自身的学业情况和特点，找到一条更符合自身发展特点的学业通途。

下面，我们会针对不同水平与特点的学生，给出不同的学业规划建议。

（一）顶尖学生的名校之路

1. 选择首选科目的重要性

对有志于冲击清华、北大、复旦、上海交大、浙大、中科大等顶尖高校的考生而言，高考并不是唯一的战场。他们应该更广泛地在竞赛保送、强基计划破格、综合评价等各种录取方式中积极探索，提早进行各项准备。

在首选科目上，这样的顶尖学生往往要选物理，如果是偏文科的学生，就要选择历史。从高校的角度来看，当然是选择物理能报考的大学专业更多一些，未来的路会走得更宽广。在新高考改革之前，根据清华大学本科生招生网上的数据统计，清华大学2014年招生计划理工类招生人数是1599人，而文史类的招生人数仅为133人。同时，2021年清华大学各专业在招生时要求的选考科目，报了物理类的学生几乎可以选考所有专业类别，仅有一些人文、经管类的专业是不限选考科目的。

2. 强基计划的重要性

对于那些希望进入顶尖院校的同学来说，由于这些院校的基础学科实力强劲，很多基础学科的专业都是"A+"评级，再加上丰富的资源支持，因此确实是值得尝试的好选择。由于强基计划的录取分数组成为"高考成绩（占85%）+校测成绩（占15%）"，因此入围后能否被录取，校测成绩就变得尤为关键。各校强基计划的校测难度与原来自主招生的难度基本持平。所以，对于这部分成绩特别好、学有余力的考生，应该从高一就开始学习一些校测范围内的知识，这一点很重要。

3. 综合评价方式下校测的重要性

如果考生所在的省份，多所顶尖高校都在该省份有综合评价招生，那无疑是很幸运的。综合评价，仍然是进入顶尖高校的一个重要手段。由于新高考统考本身难以在高分段拉开考生的差距，校测就成为这些顶尖高校区分顶尖学生综合潜力的最有效的武器。通过初评、笔试、面试等，有助于高校将入围考生之间的区分度进一步放大。我们看到各高校的校测，数学和物理仍然是重点科目。

如果考生希望进入顶尖高校的理工科专业、医学专业甚至部分经管类专业，就必须选考物理。对其他偏文科的学生来说，往往需要面对历史科目的校测考核。

在规划上，不管考生是否希望通过竞赛取得保送、入围强基计划或者综合评价，在学有余力的情况下，必须进行竞赛、高校校测等超纲内容的学习，才能在综合评价校测、强基高校校测笔试中取得优势。而在这些测试中，物理又基本上是理工科必考科目。

4. 参加高校训练营的重要性

清华、北大等学校都会在高考前，由官方举办各种形式的夏令营、冬令营、秋令营（包括清华暑期学校、北大优秀中学生暑期学堂、北大12个专业暑期课堂、各种竞赛营和金秋营、清华文科营和工科营、交大致远营等），如考生有机会参加，请务必全力以赴。这对于提前获得综合评价资格（甚至评级）以及强基计划中校测部分的综合素质评分，都会有很大帮助。

（二）普通学生的名校之路

对普通学生而言，高考仍是不得不全力面对的一条赛道。

在现有招生制度之下，如果不是对某科目或大学的某专业有特别的偏好，根据选考科目的学习难度和考试难度去决定选考科目，仍然是明智的决策，并且需要考生在平时学习中加大对于语、数、外和物理/历史四个计算原始分科目的学习力度。（在"3+1+2"模式下，等级赋分之后，选考科目区分度会降低，显然这些计算原始分的科目的重要性进一步提升。）

如果是有希望冲刺"双一流"院校的同学，可以重点关注一下强基计划，为校测提前做一些准备，毕竟所有可以上好学校的途径，都值得提前去了解清楚并全力做好准备。

（三）不同中学的竞争策略

对关注清华、北大、复旦、交大等顶尖高校录取率的各地名牌高中而言，需要及时了解并普及新高考政策。新高考政策具体执行到每个省份，在细微处仍然有变化，但大方向还是确定的，就是选考赋分制度+多元录取政策。学校层面应当把握住政策的大方向，同时必须向老师、家长、学生普及，才能在推进策略时做到上下一心。

有条件的名牌高中，应该大力组织竞赛学习。除了竞赛生可以争取保送、签约等资格之外，其他学生也可以在高一、高二适时学习一些竞赛知识，可以不为拼名次拿奖，而是为了让学生在将来名校的各种训练营、综合评价校测以及强基计划的校测中取得优势，提前获得资格或认定，为学生进入名校打好基础。

了解高校的其他招生政策。高校官方举办的各种夏令营、秋令营、冬令营，不仅对学生来说是一次额外的机会，也是高中生证明自己实力的一次机会。许多高中正是在这样半年一次的校际比拼中崛起，最终形成"强者愈强"的马太效应。

即便是暂时处于后进位置的中学，也应当清楚认识到诸如北大12个专业暑期课堂（学科营）、清华标准化学术能力测试等范围更大的机会的存在，及时消化高校政策，并向学生普及，引领考生们积极应对考验，把握关键机会。

新高考不是局部的规则改变，它是由新的教育理念驱动的全新变革，很大程度上重构了整个高中阶段教与学的概念与规则。

学考与选考模式的实行，虽然说客观上给了学生更大的自主选择权，初衷和大方向是好的，但在现实落地中，其实加大了考生和家长的选择压力，对目前高中教学造成了很大的冲击，甚至可以说是提高了高中的教学负担和学生课业的压力。这也要求我们的学生和家长，必须要更早吃透新高考的规则，及早做出科学的学业规划。

二、新高考下高中生涯的四大挑战

（一）选科

到了高一下学期，学生就会面临选科。在"3+3"模式下，理论上学生可以根据自己的兴趣与特长在20种不同的三门科目组合（浙江省是7门课35种选择）中进行选择。然而，各学校会根据自身实际情况规定科目选项。虽然大部分学校会先征集学生的选科意向，但随后就会有人找选科"特殊"的学生谈话，让这部分学生改选。因此，不是所有人都能选到自己想学的三门课。

实践中，学校特长学科、学生特长学科、班级质量、学生兴趣爱好几方面的因素都会影响学生选科的实际结果。如果你根据自身特长与兴趣选择了某学科，但由于该学科是学校的弱势学科没有人选而无法开班，或者被分到的班级生源不好，都会被迫改选其他的学科。

所以，为了充分发挥孩子的特长和兴趣，要求家长在中考填报志愿时就提前打算，了解清楚当地各高中的学科教育情况，是否跟孩子比较擅长的科目相匹配。

（二）走班

选科后，一般学校都是从高二就开始正式实行"走班制"。虽然不同学校实行不同的走班制，但"走班"大体可以分为两种：一是全走班，即所有学科、所有学生都实施走班；二是按选考走班，即语文、数学、外语3门主科采取固定班级制，选考学科采用走班形式。

走班制对孩子的适应能力是极大的考验。首先，走班拉远了同学之间、师生之间的距离：老师只有在上课的时候才来，没有之前老师所带来的亲近感和熟悉感，同学间的交流也没有以前那么方便。此外，一些学校由于师资配置的问题，更换老师可能会比较频繁，不少学生在高二到高三的两年时间里都会遇到一科换三个老师的情况。学生每天都得带着很多书来回换教室，有时稍不注意还会出现弄丢学习资料等意外情况，这对高中生的适应能力提出了新挑战。

走班制给划分重点班出了道难题。新高考模式下，重点班仍然会存在，不同学校的解决方案不同，但是学校会对重点班学生选择的科目提出要求，例如某校的强项是物理和化学，学校就会要求重点班学生必须选择物理和化学这两科作基础，而且重点班也不一定是在刚进入高中就固定不变了，有些中学采取的方式就是在选择了相同科目的不同班级里，按照语文和数学成绩给学生进行大排名，再选出1~2个重点班。这样，以前那种只要高一进了重点班，三年都在重点班的情况就发生了变化，即使凭借中考成绩进了重点班，到高二也有很大概率被分到普通班。

（三）选考

有人对新高考改革的理解只是简单停留在从语数外+理综/文综，改成了语数外+选考任选3门，或者是语数外+物理/历史+选考2门，其实除了选考这个关键因素外，还有选考科目所施行的等级赋分制。

在选考科目上实行等级赋分，是指根据考生该科目在全省的排名区间，将实际分数折算成相应的分数。在这种新规则之下，选择难度高、选考人数少的学科相当于进入了"死亡小组"。这是一个很严重的问题，2017年浙江全省30万考生中仅2万多名考生选考了物理，由于很多学校老师在劝说成绩不好的孩子不要选物理上做了很多工作，导致这2万多敢于选考物理的精英学生陷入了残酷竞争，因为根据选考赋分制规则，不管你的实考分是多少，只要你排名为倒数的1%，都会被强制换算成40分。

一个浙江孩子选了物理，事后家长悲愤地说："我不知道成人是否可以报名参加高考，如果可以，提议所有报名物理的考生家长都去参加物理选考，一个孩子至少带2个家长，让选考物理的基数增加上去，家长给孩子们的赋分垫底。"

这当然是不太现实的，比较现实的是调整考试的相应规则和措施。其后各实行"3+3"选考规则的省份都实行了不同的新政，确定物理等级赋分基数，建立选考保障机制。同时，最新实施新高考的8个省份更近一步，采用了"3+1+2"的新选科规则，更是从根本上规避了原来"弃考物理"现象所带来的一系列问题。无论怎么说，选考与等级赋分制的基本规则，考生、家长及学校老师是一定要引起重视的，这些新规则的变化是对考生最终高考成绩影响很大的变量。

（四）志愿

填报志愿的主要变化主要有两点。

一是大学的一些专业规定必须选考某学科才能报考。不少学生在高一选科的时没意识到这种变化，直到填报志愿时才发现，自己心仪的专业选不了。我们就遇到过这样的一个案例，就读于北航的王同学说："其实我最想学的是飞行器设计专业，但谁知道这个专业要求必考物理和化学，等我发现的时候已经来不及了，后来只能选了现在这个不要求学化学的信息安全专业。"

二是实行专业（类）平行志愿，从学校优先变成了专业（类）优先。很多省份的考生都有96个平行志愿要填，有些考生可能由于要选填的志愿太多，就对有些专业和学校志愿"望文生义"，造成很多失误。比如搞错了名称相近实际差别很远的专业，或者是误把原来是三本的独立学院，看成是一本大学的一个地方分校等，类似这样的例子很多。

挑战来自方方面面，这就要求考生和家长提早了解新高考政策变化，了解高中学考、选考的考试时间安排，提早选择适合自己的科目与课程，确立自己的学习目标与方向。那么，我们在高中三年，该如何规划自身的学业呢？

三、高一：养成良好的学业习惯

高一新生首先要重视语文、数学、外语三门基础学科，这是重中之重。这三门课程在新高考中分值高，150分一门，同时进入高二、高三后，需要用更多的时间去应对后面持续的学考与选考，学习时间会得不到保证，想要最后成绩突出，高一阶段打好主科的基础是非常重要的。此外，在高一学习当中，有意识培养自己的学习兴趣与方向，以及关注平时的学习成绩，提早确定适合自己的三门选考课程，就可以从容应对后续的考试。只要语数外不偏科，其他的课程，新高考已经允许学生适当偏科。所以原先综合成绩可能不太突出的学生，在新高考中，提早确立方向，也有超越的可能。

如果你正处在高一，我们还会给你如下建议，希望触发你的思考，帮助你更好地度过高中生涯。

（一）尽快适应高中节奏，走在前面的人最不累

很多人升入高中，最开始遇到的问题是没法适应高中的学习节奏。确实，高中的课业任务量比初中要大很多，因此要逐渐调整和适应一种更快的生活和学习节奏。回过头来再看，你会认为初中三年学习的内容非常少。那些只是靠脑袋瓜聪明的人，在小学和初中，可以不用太努力就保持领先，但是高中科目更多，知识繁杂，更考验一个人主动学习的习惯、对时间的统筹规划能力等。

如果你一开始落后了，就会产生巨大的心理压力，很可能会慌张，觉得怎么努力也赶不上进度。这些在后面追赶的人，往往会用力过猛，然后又不可持续，最终打乱了自己的节奏，如此一来，很容易陷入恶性循环的怪圈。

如果你参加过马拉松或者长距离徒步，你就会有这种体会：在后面追赶别人是最累的，而"按照自己的节奏"稳定地匀速跑或匀速走才是最不费力的。所以，从高一开始就试着跑在前面吧。这不仅是指在同学中跑在前面，更是指跑在时间的前面，跑在你个人计划的前面，不要让足以扰乱你心智和情绪的压力追上你（有点小压力在身上也是正常的），那么高中三年就会有不错的成效。

（二）以学业为中心，学会规划高中生活

很多学生认为高二、高三有大把时间，高一是中考后可以放松的阶段。还有些学生认为，趁着高一考试的压力还没有那么大，应该在这个阶段偏重于探索人生的各种可能性。

初中到高一是节奏和轨道的转型阶段，重点是养成好的学习习惯。而不是说，高一突击学习提升了之后，高二或者高三就不用学习了。在我们看来，如果在高一就把高中三年所有的知识都学完了，这本身并没有多大意义。你要掌握学习的方法，养成一些好的学习习惯，找到能让自己比较舒服又足以保持领先的学习节奏。这些关键的好习惯才是根本上有利于你高中三年，甚至是可以影响你一生的。

你也许爱学习，将来的志愿就是从事研究工作；你也许不那么喜欢学校的学习方式，但你总要进入社会，那么到时你如何去对付那些不大有兴趣，又不得不去做的事情呢？而且社会发展快速，无论你未来想做什么，从事哪一个行业，都得持续学习。因此养成一些"自动化"的学习习惯变得非常有必要。这些习惯可以帮助你高效地掌握新知识，获得新技能，也让你更好地腾出时间进行更有深度的研究，或者教你可以省出时间来，拓展自己的人生可能。

新高考下，高二、高三还有很多事情需要面对，比如去了解大学和专业，参加比赛和学科营，所以高一打好学习的底子至关重要。新高考政策下的综合评价系统，学生的平时成绩也是一个衡量指标，所以高一更不能放松了。

（三）坚持和努力很重要，但兴趣和热爱才是动力的本源

"你可以不喜欢学习，但是你必须努力坚持学习，因为这对你的将来很重要。"很多家长和老师会这么说。但作为一个十几岁的年轻人，他们有些并不愿意以当下的痛苦来换取不确定性的未来。特别是如果每天都过得都不开心，那么未来看起来也就没有那么重要了。

我们往往会夸大意志品质的重要性，其实对于学习，更重要的是产生学习的兴趣和对知识的热爱，这样才能主动去求索知识，全心投入，才能为学习注入灵魂。

我们传统的学习方式，太强调记诵现成的知识了。可是现成的知识现在很容易在网络上搜寻到，在学校里学习的真正意义在哪呢？当然是学会"怎么学习"，而怎么学习的本质就是培养对学习的热爱，这样你才会一辈子自动自发地去学习，将来遇到不懂的事，知道怎么去找解决的办法，怎么去搜索答案。

很多人认为，爱不爱学习是一种天分的差异。其实天分的差异，是你可能喜欢数学，最终成为一个数学爱好者，或是数学教授，或是得到了菲尔兹奖这样的差别。而爱不爱学习这种事情，更多是与你的学习体验有关。如果你的学习经历里，大都是正面愉快的经历，你就会更热爱学习；如果大都是痛苦经历，你就会对学习条件反射式地排斥。而负面经历多了，就会彻底厌学，甚至认为自己根本不是学习的料。

所以，上了高中之后，你就更接近成年人了，知道怎么样去培养对学习的兴趣，主动地为自己创造更多愉快正面的学习体验，甚至是求知过程中的巅峰体验。爱学习并不是天生的，是靠自己培养起来的。你需要不断尝试：如何靠内在兴趣和动力去学习，而不只是靠外在压力去学习。

（四）及时总结，逐渐建立一套长效的学习方法

学习方法是一门科学，需要不断地研究与精进。能够用科学解决的事情，不要靠体力去解决。事实证明，当学习的内容足够庞杂之后，仅靠蛮干苦读是不够的，这也是很多"苦读派"在高中时成绩会落下去的原因。但任何科学也都有应用的条件和范围，别人的方法对你也许不太管用。那么你就要继续去"取经"，学习他人的方法，同时去验证哪种方式更适合自己。

学习肯定是要消耗体力的，没有一定的付出和积累，单纯想要靠投机取巧取得高分的想法也是要不得的。

我们在高中阶段所学的任何一门课程，都不过是这门学科的入门知识而已，因此不用夸张地说自己必须不吃饭不睡觉才能学好。能用方法解决的问题，别靠体力，掌握运用方法和体力的最佳比例，这样能帮助你更轻松地度过高中三年。

（五）做好学习笔记，用自己的方法将知识系统化

好记性不如烂笔头，最好把你及时总结的学习方法、知识要点、

易出错的常见题型分析等，都做成笔记，以便随时翻阅。也许你还可以去做一些预习、课堂以及复习笔记。这种笔记可以是你自己划出的重点知识，也可以是你对某些知识点的疑问与思考。

知识要成为系统网络，才能在你的脑子里生根，所以记笔记是很好的自我学习与及时梳理知识的方式。课本是为所有人准备的，但你及时整理的笔记，就成了你的私人知识手册。

（六）开始尝试设定目标和进行时间管理

你应该设定一些目标，这些目标是可实现的、可检验的。如果你能够不断地完成一些小目标，那么你就能越来越接近自己的大目标，甚至是人生理想。完成目标的过程，也是在积累良好体验，会不断地增进你迈向更高目标的信心。

有些目标不能实现，这是很正常的事。这时你就要及时分析，是哪些因素让你觉得不可控，或者拖延了进程，或者没有达到心理预期？也许你应该更好地安排自己的时间，掌握自己在一天里的学习规律，把更重要的学习放在自己最有精力的时间段内。

没有及时完成的目标，并不是说一定要放弃，可以再给自己一点时间。实在不行，就放低一点要求。不要因为目标没有完成而觉得沮丧或难为情，这没什么大不了的。当我们积累了一段时间后，学习或者做事情的方式熟练了，自然就会加速，把这个进程追回来。

而且一开始不要给自己设定太大而实现不了的目标，要一步一个脚印，稳扎稳打。不要怀疑自己的能力，不要害怕进步太慢，学会更好地管理自己的时间。

（七）如果学有余力，进行知识拓展

经过了一段时间的调整，假如你的学习已经步入了正轨，你应付起来很自如。因为高一阶段的学业不会那么忙，在学有余力的情况下，可以规划一些时间来拓展自己的知识积累、思考未来的计划和探索未知。把自己未来的计划放在更长的时间刻度上，想想自己真正想要做什么，完成什么样的人生目标。

确立人生目标是一个长期的过程，你不可能在高三要报考专业志愿的时候，才去了解专业，了解专业所对应的工作内容等。所以，立志要趁早，然后是一步步深入地去搜集公开信息，通过与业内人士交谈、亲身体验等方式去确立你将来的方向。

在知识方面，如果你不是只跟在老师后面应付式地学习，而是主动地开始探索，才算走入了学习的正道。在理科方面，你可以去关注一下竞赛，提前做些准备；对竞赛不感兴趣的话，也可以进行学科的知识拓展；如果是对文科有兴趣，则可以开始大量的阅读。不用担心"学得更多，知识易混淆，得分可能更低"这件事，那基本是不可能发生的。相反，如果在学科知识方面，你有一张比别人大得多的地图，那么你就比别人站在了更高的维度上。好学生的好奇心，很难被禁锢在课本范畴之内。

（八）尝试与身边人建立和谐的人际关系

与人打交道的能力特别重要，而核心是跟身边的人如何建立关系。在学习上，你身边是否有可以探讨问题的小伙伴？是否可以向老师很自然地请教一些问题？父母是否把你当作一个足够成熟独立的个

体来对待，是否能够尊重你的想法，是否能给你很大的自己做决定的自由空间？

如果答案是肯定的，那么你在与人打交道方面至少已经及格了。如果不是，父母总想干涉你的人生选择，你在班级里总感到自己被孤立，没有人能放心地聊天，也不敢去跟老师打交道。这些都会成为你将来发展的一种巨大的障碍，而且困扰你的身心，导致你产生很多负面的情绪，甚至也不能把心思花在学习上。即便如此，也不要认为自己只是个受害者。

你怎么去改善身边的人际环境，这是你面临的人生挑战，不要回避它，花一点时间去"管理"自己与身边人的关系，本着互利的原则，也许你是那个首先应该做出改变的人。不是说你应该去讨好每个人，而是远离那些给你无穷无尽负能量的人，靠近那些追求进步，又愿意分享的人。把自己看成一个成年人，跟父母谈问题，父母只有认为你足够成熟时，才会放心给你更大的空间，因此不要既想逃避责任，又想要求父母满足你的各种任性需求。

（九）适度开发个人爱好，调剂学习生活

很多人会疑惑：爱好不耽误学习吗？

其实，好的爱好会让你的人生不那么脆弱，有更多的乐趣和盼头；还会教给你很多东西，比如人生中热情的重要性，以及你要为自己所爱的东西付出的代价；好的爱好会给你很多启示，这些启示很多可以用在学习方面。

但要注意的是，在高中发展爱好，不能影响学习。爱好应排在学

习的优先级之后。不论你的爱好是什么，它应该给你带来一种更好的精神状态、更积极有趣的人生。倘若因为沉迷其中，而让你精神萎靡，那么就应该趁早远离。

（十）从来就没有人生的平衡，有的只是价值取舍

也许你会想，高中时间里有那么多的事情要去做，我该怎么平衡？其实我们下面要说的就是，人生从来就没有什么静态平衡，不要幻想你会做到完美，也不要焦虑你会把事情搞砸。

更重要的其实是自我控制，如果你分得清事情的轻重缓急，把更重要的事情，比如学习相关的事情放在前面，这样就很厉害了。逐渐地你会熟练地应对各种可能的情况，不一定是你更会平衡了，也许只是你做什么事情都更熟练、更利索了，这样你就会有更多的自由时间。

总之，高一就是让你去拓展自己的人生，在一种更快的学习和生活节奏下，养成更高效做事的习惯。这样你在高二和高三会感觉到越来越轻松，也更能心无旁骛地冲向自己的目标。如果你认为高一可以不用那么努力，养成了拖沓的习惯，学习上或是生活各方面都"欠债"，到了高二和高三，你会发现前进的阻力很大，因为你已经懒散惯了。

习惯的养成不是一朝一夕的事情，从高中第一年开始，很多事情就早该知道，早做打算，提早做好。

四、高二：拉开差距的关键一年

高一暑假结束之后进入高二的学生，必须明确自己的选考课程，确定了选考课程，就能清楚了解后续学考、选考的具体课程安排，有针对性地安排自己的学习时间。按照自己的学习情况、排名情况，合理规划后续的学习。要学会按自己的成绩与目标定位，合理规划自己在每次考试之前的学习重点。学习需要时间来保证，学考中考完一门，放下一门，不再瞻前顾后，才有时间更从容地应对后续考试。这一点做好了，就能取得理想的成绩，实现自我的超越。

我们认为高二是最关键的一年，因为这一年大家最容易松懈，从而拉开差距。为了过好这最关键的一年，我们也会给你一些更具体的人生建议。

（一）找到一个比较舒适又能不断进步的节奏

每个人的起点不同，心理状态不同，不要轻易被别人影响。

如果你特别相信自身的能力，就去挑战特别有难度的目标；如果你还没有建立足够的信心，就去挑战稍微有点难度的目标。最重要的是跟自己比，超越昨天的自己。

但是要保持好节奏，努力程度是让自己吃得消的，是有点难度又有点享受的状态，这样才可持续。不要让自己每天都在濒临崩溃的心理挣扎中度过，如果你所定的目标，是需要"特别刻意"坚持下来的，要靠意志力硬撑，往往并不是学习的最佳状态。能长期坚持下来的力量，是一种靠习惯自然而然形成的力量。你要保持好一种略带紧张感的学习节奏。

（二）分清生活的轻重主次，不要平均用力

高一是打基础、养成习惯的阶段。到了高二，高中生活就算是完全展开了，可能除了课堂学习之外，还会有很多的选择、很多的诱惑。我们知道，单纯地告诉你以学习为重，这时候你已经有点听不进去了。

我们也觉得在高二的时候，适当地丰富你的生活是有好处的。毕竟回忆起高中三年，只有窗下苦读，也是很遗憾的，没有几个人能受得了。你需要做的就是，给自己分清做事情的主次，在学习及重要的生活目标上，要能够保证足够的时间，与娱乐放松或一般的爱好进行严格的区分。这是检验一个人自制力的时候。只有学得扎实，才能玩得痛快。

（三）面临选择时，勇于跳出舒适区

这一年你也许要开始思考，自己究竟适合什么样的升学道路。如果你要走竞赛之路，你的竞赛成绩也许还能再努努力，从而提高一个等级，这样将来上名校能更有优势。如果觉得自己走竞赛的意义不大，那么是否还有其他亮点，可以得到名校的青睐？是走高校的综合评价，还是要参加一些特定的学科营？你可以找目标高校往年的信息，跟老师和学长们交流，看自己需要做哪些准备，才能够在高考之路上走得更稳。

（四）相信计划和稳定的努力，不要相信逆袭

如今的高考也罢，综合测评也罢，越来越看重的是真正的实力和平日的积累。不要有高三逆袭的侥幸心理。要制定总体目标，再分解成每周的小目标，坚决贯彻执行，这样你在高考中就一定会发挥出自身应有的实力。

不要相信高三能逆袭，把事情都推到下一年，很多东西不是死记硬背、短时突击就能学好的。

（五）搭建属于你自己的一套复习体系

你应该开始构建自己的复习体系了，比如你的复习笔记，里面有更针对你自己的重点和薄弱点提示，更能提高你的效率。

你应该有自己的错题集，记录你犯过的那些错误及分析。

你应该有自己的目标和计划体系，按时复盘：自己过去完成了哪些目标？哪些没有？到底是为什么有些目标没完成？是计划太难还是自己懈怠了？

你也应该培养自己良好的应试心态和应试习惯。在日常做题中就要养成细心审题、卷面整洁、回答问题注重程序和逻辑性的好习惯，不能去期待考场上超水平发挥。

你也可以开始积累一些英语句型以及语文的写作素材了，这些事情，看起来琐碎，但是能够让你心里踏实，更有条理，遇到考试不再慌张。

（六）时间分配应该有一套成熟模式

你该怎么样利用碎片时间？你该如何准备大块时间重点攻坚？这

些应该都有一套固定模式了。另外，甚至于你放松和游乐的时间，都可以标准化，这些事情都要被安排妥当，才不会占用你的精力，有助于你全神贯注地做更重要的事情。

当然，并不是要你把生活中所有的事情都程序化，像一个机器人一样，而是把一般性的事务总结成系统，自动化地去完成。

（七）适当进行一些体育锻炼

运动是很好的放松方式，可以缓解焦虑。到高三时，学习上越紧张，越会感觉到体力的差异最后会导致每个人学习耐力的差距。如果你能够养成每日运动的习惯，你会发现这并不是在浪费时间，相反它会让你的精力更充沛。很多人都是利用体育锻炼来调节生活的节奏，你也不妨试试。

（八）给自己找到快速解压的方式

会玩和会学习的人，常常是同一拨同学。玩痛快了，学习时才不会心有旁骛。玩的目的是给自己充分释放压力的机会，而不是累积压力，一味地苦学。

我们建议你每周应该安排一次固定的大段放松机会，可以让自己有稳定的期待，这样你就不会由于爱玩而耽搁了学习，学和玩搭配出一个稳定的节奏。高中学习，应该还没有到一刻不能放松的地步，学会在高强度学习下如何减压，这也是会受益终身的一种经验。

当你实在不知道要做什么，也不想学任何知识的时候，可能你需要的只是更多的休息。你还在长身体，要学会利用一切机会休息。保持学习时的高效，休息必不可少。

五、高三：适度紧张而不焦虑

高三学生需要面对第一次选考，要合理分析自己三门选考课程的情况，找到自己的优势课程，做好保一争二，最优秀的课程确保一次性通过，争取第二门课程也能获得自己满意的成绩，差的选考课程，可以适当放一放，在第一次选考后还有半年的时间去冲刺弱势课程，切忌眉毛胡子一把抓，最后导致三门课程的成绩都不理想，最后所有的课程在第一次选考后都得继续学。这样学习压力会更大，很容易导致复习计划崩溃。

我们观察2017年高考赋分的情况，很多孩子第二次的成绩，未必比第一次考试赋分来得高，甚至很多学习了半年，成绩反而下降了，所以做好目标设定，全力投入至关重要。

关于高三的学习生活，我们也会给你一些具体的建议。

（一）认识到高三这一年的重要性

在你人生的经历里，尤其是作为一个中国孩子，高三这一年，可能是你学业生涯里最重要的一年。在这一年里，你的奋斗带给你的收益可能是最为立竿见影的。你能考上什么样的大学，很大程度上决定你今后的人生打开的是怎么样的画卷，你能够跟什么样的人比肩，你能站在哪些人的高度上看这个世界。而现在，决定权还在你的手上，别放弃！高三这一年的努力有着最佳性价比，你应该全身心地用来投资自己。

（二）学会聚焦，把自己磨成一根针

很多同学都处在大多数人的努力模式之中，这种努力不过是应付作业和考试，是相对被动的学习。如果你能够跳出来，专注于自己的学习，那么你的高三就成功了一半。你必须扔掉那些负担，轻装前进，你必须扔掉那些琐碎的自娱自乐，甚至是无效的习题，让自己像一根钢针一样地扎入学习之中。你必须暂时放弃网络游戏、追剧、逛街、打球等娱乐。你可以给自己设定完成大目标之后，每周休息和娱乐半天的时间来奖励自己，但是不要在日常生活中太消耗精力了。实在累了困了就主动休息，或者做些简单的舒展运动。

（三）要学会以练带学，查漏补缺

刚上高三的时候，你还可以制订一轮复习计划，但是不要总是在制订庞大得像要从头开始打一场大战式的复习计划，决定重新开始从课本上攻克一个个科目——你很可能没有那么多的时间了。做些最接近高考的真题和模拟题，通过自考来检查自己的知识漏洞，从而有针对性地进行复习，然后再通过习题强化对这一专题知识的正确、完整和熟练掌握。以问题为导向，回过头去融会贯通地温习某一章节的知识。这可能是比较适合高三的有效率的学习方式。

（四）啃不下来的题，要么放弃，要么去请教老师和同学

高三除了勤奋，就是要提高效率。

勤奋不过就是增加学习的时间投入量，这一点应该也没有什么技术难度，而最重要的是提高学习的效率，这样才会有真正的产出——

分数的提高。这时最不应该做的就是自我封闭，自己啃习题，执拗地想要自己把它拿下来。如果你遇到的问题不多，倒是可以自己去把这些问题攻克，但是对于很多自己解决不了的问题，寻求他人的帮助，比如请教老师和同学，就显得尤为可取了。多总结别人的解题思路，转化为自己的，这时候比自己去死磕更有效率。因为高考题不是最尖端的科研，都是别人用过的套路。所以，学习过程中要善于将别人的经验转化为自己的知识。

（五）做足够大量的题，直到你能领会出题者的意图

高三的题海战术在所难免。这时要追求的不仅是懂得那些知识，还要熟练掌握知识的应用。对很多同学来说，通过不断练习来提高解题的熟练程度是有用的。到什么程度才算差不多攻破了这个题型呢？大概就是你已经领会了出题者的意图，知道这种题型是在考查哪些知识点、这类题有哪些常见的解题套路。当你在后期，已经可以熟练地将试题拆解分析，可能就不需要那么多重复的训练了。保持一定的做题量，这就跟训练中要保持运动状态一样，但是也不要过度训练，可以各门课、各种学习方式多进行交叉，提高效率，缓解单调做题的压力。

（六）相信自己的努力，不要败在心态上

心态修炼，是高三这年的一个重要部分。

高三的你可能会经历各种大小考试，希望能确认自己在高考中的真实水平。这些考试中，可能会有些考得好，有些考得很糟糕。这时候，很容易发生心态的波动，你可能有时候会突然觉得，自己有一天

把这些知识都忘光了怎么办？或者怀疑自己有很多知识点还没掌握。这么多考试，也许你有一半考得都不尽如人意。这时候，更需要有一个平稳的心态，每次考试后都进行复盘，吸取成功的经验或失败的教训，这些都是让自己在往前走。你能做的就是，提高自己考试发挥的稳定性，提高均值，减小方差。

（七）设定复习目标，而不是考试目标

如果问一个学生：你下次考试能考多少分，能排多少名？对方可能没有办法回答。

其实这些目标常常不完全由考生自己决定，还受到考题和其他人的发挥等因素的共同影响。

那么在高三，正确的做法是：去设定你自己的复习目标，而不是绝对的考试目标。或者给自己的考试目标一个弹性范围。你打算这段时间复习多少章节，做多少题，背几个单词，这些都是你能自己掌控的。不要被其他的考试带着走，你最关键的一次考试——高考，才是你的终极目标，用你自己可以掌控的因素作为日常努力的目标，更容易问心无愧，努力就有回报。

（八）学会高效的时间管理

高三的时间非常紧张，这时你就更要分得清轻重缓急，在复习的时候做到张弛有度。用大块时间完成对新型习题的练习和归纳总结，用碎片时间去背单词，或者翻案头的参考书等。在记忆力最高效的时候来吸收关键知识点；在专注力、分析能力比较强的时候来"刷"不同科目的题。

还是那句话，养成好的学习习惯，自动化你的学习，这是减少吃苦蛮干的好方法。

（九）把书读厚，再把书读薄

练习是一个把书读厚的过程。你可能会发现教材里几页篇幅介绍的一个公式或定理，要用那么多道题才能搞明白它内含的厚度。练习大量的题会让你的知识细节丰富，掌握的知识点更为精确。

在高考临近时，应该及时总结和归纳，画出某一学科知识点相互连接的完整体系，把书读薄。通过梳理这种学科知识的脉络，你会对不同知识处在知识体系地图上的什么位置有更清楚的认知。只有掌握了学科知识体系，将很多知识相互连接起来，知识才算在你的脑子里生根，就算一些细节模糊了，也很容易按图索骥，及时回想起来。

（十）高考前适度给自己降压

正式比赛前的一段时间，运动员都会减少训练量，只用较低的训练量保持运动状态。高三学生在高考前一个月左右，其实就应该有一个缓慢踩刹车的过程。拼命地复习冲刺，很可能会把心态搞糟，这时候做更多的知识整理和快速查漏补缺，拿出错题集来回顾一番都是不错的主意。

考前几天，一定要保持八小时以上的睡眠，营养要跟上，但切忌暴饮暴食，也不要做放纵式的减压活动。用一种轻松的心态和良好的精神面貌来迎接高考。

新高考带来了高中学习的全新方式和巨大挑战。但是高考改革，不管怎么样变化，其实分数仍是评价标准的核心，这一标准是恒常不变的，因此成为新学霸仍然是我们要一直努力的方向。高考改革只是给了学生们更多元化的评价标准和更为多样的录取途径。所以，我们能够做到的还是要先不断地提高自身的实力，同时应更清醒地认识当前的高考形势，做出提前预判和行动规划。

第九章

在变革中迎接明天

新高考改革，不会是一蹴而就的。

我们没办法等待一个最公平同时又最激发效率（效率与公平，本身就是一对永恒矛盾）的理想改革方案诞生，而后才开始奋斗，我们的奋斗本身，就是这改革洪流的一部分。

身为家长，肯定希望孩子能够站在一个更有利的竞争地位上，而不是遭受不公平的待遇。但家长也有必要去理解：改革其实是一个多方博弈的复杂过程，公平与正义在今天这样价值多元化的社会是一个比以往任何时期都要更为相对的概念。中国古话有"彼之蜜糖，汝之砒霜"的说法，这有利于我们理解，站在社会的不同层面和角度，我们看同一个问题会有完全不同的视角和利益诉求点。

社会变得日益多元化，高考的生源分流趋势也在所难免。就像是市场经济和社会领域里所发生的所有那些令人眼花缭乱的改革一样，开弓没有回头箭，我们的高考分流趋势，已如"开了闸的河水——一泻千里"，不可能再回到往昔"千军万马过独木桥"的旧时光。

不论我们有多怀念过去的那种"公平"和"单纯"，实际上过去那公平与单一的高考制度，只是适应大批量选才的一种粗放式的人才筛选机制，它用绝对化了的"公平"压制住了教育本身对学生个体的关注，使我们的人才培养机制在很多微观的层面被窒息，缺乏对教育中更符合自然与人性的科学规律的探索和尊重，培养了大量只会听话、只会背标准答案的应试型人才。

这在一个社会从农业时代走向工业化时代，追求"人才标准化"的目标时也许发挥过关键性的作用，在当时也不失为是一种积极的制度安排；但是在中国进一步产业升级，社会走向富裕化和多元化的状态下，在中国需要大量尖端人才和创造性人才的阶段，则会成为中国进一步提升国力的一个巨大的人力资本瓶颈。

怎么办？

唯有改革。而改革就是打破过去的利益平衡，让新的可能性诞生。

"改革"在过去三四十年的中国，是一种绝对化的权力话语。只要谈改革，我们好像自然认为"改"总比"不改"要好，或许是因为从前我们都没有什么可失去，或者说"失去的只有锁链，而得到的可能是全世界"。

所以，改革带来的是增量，几乎是全民受益。人们不会那么在乎你多一点或者我少一点。但是"改革进入深水区"意味着没有那么多的增量与共赢方案，社会的利益博弈倾向将更为明显，我们将需要更加理性地看待任何改革方案可能会造成的利益得失。当然，每个人都会有趋利避害的天性，但是我们怎么在规则下合理受益，捍卫个人的权益，需要冷静看待与处置。最终，改革考验的是人们的心态，如何与不完美的改革方案共处，并通过有序社会博弈的力量，使改革走上一条不断进步的、正向循环的道路，而不是在空转或者倒退，这是转型社会中所有人都要学习的一门学问，并非只是部分社会成员要单独面临的孤立的精神困境。

我们可以看到，新高考的评价系统越来越倾向于不再以分取人，而是多元化的综合素质评价系统。在这方面，中国无疑是在向世界主流靠拢，向发达国家的大学招生体系学习。可是适应中国国情的新高考评价体系，即"综合评价"系统，需要从头开始建立，并在深植于中国社会的土壤里，不断自我生长和自我进化，并没有一套现成的国外经验和模式可以照搬，因为中国有属于自身的复杂环境和特殊国情：这就是各地经济和社会发展水平存在显著的差距，不能一刀切地做到绝对公平，只能采取分层次和分省份的逐步渐进式改革，保证改革的平稳过渡，保证改革的方案与本地的实际情况相适应、相融合。

对于一个学生来说，理解新高考，将自身培养成适应新高考的新学霸，仍是重中之重。这意味着不能再像过去那样呆头呆脑地只是靠勤学苦练，还需要掌握更多科学的学习技巧和方法，极大地提升自学能力，超前学习，灵活应用，甚至参加竞赛角逐和名校的强基计划和校测，成为能力全面或者个性特长突出的超级新学霸，在未来手里才会握有更多的人生选择。

对于一个家长来说，指导孩子会变得越来越无效。我们必须更新思路，意识到今天的孩子与我们当年面临的时代和高考方式，已经截然不同。首先，也许家长能做的最根本的事情，还是提升自己，以便给孩子创造一个更好的学习环境，让孩子站上更好的平台，能看得更高更远，而不是为了孩子的成绩，整天焦虑不安，提心吊胆。其次，也许家长可以和孩子一起来理解新高考带来的思路转变，和孩子一起学习，一起成长，更好地适应属于未来的那个时代。

尽管我们的家长总是有一种惯性，希望自己能够全知全能，可以具体地指导孩子往东或者往西的每一步行动，但是新高考实行之后，这样的可能性会越来越小。

让我们回到教育的本质来思考：在我们谈论了太多新高考的规则改变之后，是否意味着我们应该完全为适应新高考的标准而彻底改变自己？

或许是，也或许不是。

国家的教育和考试制度有其重要性，学校的微环境也同样很关键，但是孩子的教育这件事情，是等不得外界环境改善的，最好的教育其实是家长和孩子从小的亲密互动，是家长身体力行的教育示范，是孩子自我培养、自我教育所形成的一套自觉又良好的学习习惯。

学校和考试有两重功能：一是人才的选拔，二是人的培养。在过去教育资源短缺的时代，会突出"人才的选拔"功能，传统的高考极其残酷，也极其公平。现在的教育资源也并不是很充裕，尤其在名校的资源争夺中，竞争的态势仍未得到充分缓解，所以才有中国家长和考生们突出的精神焦虑问题。

从"人才的选拔"和资源分配权争夺的角度来看，我们应该为高考而改变，以高考为指针进行自我训练，这点没什么可说的。

但"人的培养"其实才是教育的本质，而在这个本质上，其实跟考试没有多大的关系。作为家长，能看到考试之外的教育，以及在考试之外的教育上发力，或许是我们可以为孩子的人生发展所做的更重要的事。

学校当然有理由去把孩子区分出来，比如我们现在的中学里还是有快班与慢班的区别，按期末考试的成绩来划分。但是，我们自己对于孩子是没有选择的，我们不能自建筛选系统——"我的孩子学习好，我就好好培养他；我的孩子学习不好，我就不再搭理他"。

很多家长之所以对孩子上学选学校的问题有过度的焦虑，就是因为这些家长对学校教育存在着不切实际的幻想。或许是家长想要逃避责任：很多父母都认为孩子是学校教育培养出来的，孩子出了什么思想问题，学校要承担主要责任；毕竟学校才是专业教育机构，家长只要把孩子送到顶级的学校，就完成了作为家长的最大使命，也完成了对孩子教育应尽的最大义务。其实不然，不管文化程度几何，父母都应该承担起教育孩子的必要责任，甚至是主要责任，而不该指望别人会比你对自己的孩子更用心。

从教育本身来说，也有两重功能：对现成知识体系的输灌和自主学习能力的培养。

我们目前一般的学校教育，仍然主要集中在"现成知识体系的输灌"的阶段，而在自主学习能力的培养上，显然还非常不够。

站在现有知识体系的大厦上，当然重要，否则你就没法看得更远，没有足够的知识背景去了解新的事物；但"自主学习能力"则是你真正去打开未来世界的一把钥匙。生活在今天这个科技发展和商业模式快速迭代的社会，我们很难指望有一门手艺，可以用一辈子，也更难指望，我们在学校里的知识用多久都不会过时。有多少现在课本中学到的知识，将来进入社会还能用到？也许这个比例不会超过20%～30%。

爱因斯坦曾经说过："教育就是当你忘掉在学校所学的东西后，所剩下的那一切。"

这样听起来有点像玄学，可是仔细想想，的确如此，重要的教育是我们在不同学科里得到的思维训练，而非现成知识本身。比如数学训练了人们的数理抽象能力、运算能力，可以让你把具体的事情抽象为数字，加以归纳和分析；物理训练我们对待客观世界的实证主义态度，不能够证明或证伪的事物和现象，我们不再会轻易相信或者轻浮地论断；历史学让你更有长线的思维方式，也让你学会怎么通过不同的信息源辨认事实，并且理解影响社会发展的多变量复杂因素如何相互叠加作用……每个学科都让我们可以用一个学科的视角，看到完全不同的世界图景。我们天生就长着一双眼睛，可以看见这个世界的各种表象，但是只有经过刻苦的、持续不断的学习和训练，我们才能打开心智，长出另一双精神世界的眼睛，看到事物更深的本质，以及未来可能发展的趋势——这才是学习不同学科真正的乐趣和意义。如果我们只是把知识学死了，得到一些考完即扔的知识，那么上再好的学校，超前学习再多的教条又有什么意义呢？

通过教育如何塑造新一代的精英？在这一点上，曾连续掌管哈佛大学二十余年的老校长——德里克·博克著有一本经典之作《回归大学之道》，他认为学校教育有八个重要的目标，以提升学生的综合素质与能力。这些目标如表9-1所示。

表9-1 学校教育的八个重要目标

表达能力	精确而优美的书面表达能力，清晰而有说服力的口头表达能力
批判性思维能力	清晰地认识和界定问题，分析同一问题的不同观点和利益关系，搜集资料并分析不同资料之间的关系，围绕某一问题提出尽可能多的解决方案
道德推理能力	让学生严谨地思考如何处理道德两难问题，形成正确道德认知和道德实践
公民意识	让学生形成强烈的民主信念和民主意识，更有效地参与民主进程
适应多元文化	让学生学会与不同文化、不同背景的人和睦相处
全球化素养	让学生了解更多的有关国际事务和外国文化的知识，构建一套知识基础，更有效地适应可能出现的国际问题，把握可能出现的机遇
广泛的兴趣	享受丰富多彩的人生
为就业做准备	大学必须为学生提供一定的职业准备

尽管这些论点是为了大学教育而提出的，但是同样适用于我们去理解一般的学校教育和家庭教育。德里克·博克写书不是为了对自己

主政哈佛期间的光辉业绩歌功颂德，而是对学校教育提出了极为尖锐的批评，可是与之相比，我们目前的教育水准，在很多地方，连培养学生超越考试的那些基本素质和自学能力这种初步的意识都不具备，更遑论为学生打造未来了。所以，我们应该看到这些教育差距，而在这其中，家长发挥自身的见识和影响力，为孩子创造一个更好的未来，其中可以做的事情还有许多，而不只是认为孩子上个好学校就万事大吉了。

当然，家长会发现，我们在具体的知识和学科上引导孩子的学习，变得越来越困难了。但是，在孩子们成长的重要时刻与关键节点，家长应该与孩子共同去探讨许多问题，倾听孩子内心的想法，帮助他们摆脱成长的困惑，给他们只有亲人才会给的无条件的支持与鼓励、爱与关怀，让他们觉得这个世界值得去为之奋斗，帮助他们打开思路，看到更美好的、更有吸引力的，以及包含更多可能性的人生前景，而不是压制他们的想法，扼杀他们的个性，限制他们发挥自己的创造力。所有这些才是教育更深的本质，这些跟上什么学校或者考试成绩多少没有多大关系。

许多年后，如果孩子长大了，这时再回想我们的家庭生活，如果我们跟孩子之间，没有一点动人的相互分享成长经验的场景，没有一些感人的共同探索成长方式的历程，那么我们就不算是合格地参与到了孩子的教育之中。即使让孩子读了再好的学校，我们也只是做了个局外的出资人而已。

教育的本质，是不会因考试制度变化而转移的。

　　任何一个时代，假如堪称伟大，都是过滤掉了身处其中之人的迷茫和阵痛。我们不论做些什么，多么有远见，也不可能时时处处都会成为改革的绝对受益者，得到所有赢家通吃的好处。所以心态放平很重要。此外，就是尽量让自己站在一个足够高的时代高度上，可以大致看清这个时代的发展方向，看到历史洪流浩浩荡荡的归流所向。看清教育的更深本质，有所超越，有所解脱，方能从容以对，在历史的大变革中荣辱不惊，而后才是勇敢地踏入其中，于时代潮头浪遏飞舟——"虽伤痛而犹未悔，纵得意而不忘形"。